中学生の
学校適応と
生徒指導に
関する研究

金子泰之
Kaneko Yasuyuki

ナカニシヤ出版

まえがき

　卒業論文から続く問題関心の1つに，「リスクをともなうにもかかわらず，人はなぜ逸脱するのか？」がある。振り返ってみると，この問題関心のスタートは中学時代まで遡る。

　中学2年生に進級したとき，学校を転校した。転校する前の学校は，1学年が200名以上で学校全体の雰囲気がピリっとしており，威圧感のある先生も少なくなかった。勉強に力を入れている生徒が多く，目立って教師に反抗するような生徒はいなかった。
　転校した後の学校は，1学年が130名程度で，のんびりした田舎にある学校であった。担任は，ちょっと熱心すぎるところが生徒に敬遠されることもあったかもしれないが，他の先生と比べてみても，決して評判の悪い先生ではなかった。田舎の中学校にめずらしくやって来た転校生ということで，私はこの担任の先生にいろいろと心配してもらいながら転校後の2年間を過ごすことができた。転校後の同じクラスに，体格が良く髪型や服装などの格好が目立つ生徒がいた。その生徒は，担任やそれ以外の学年の教師とも，よくぶつかっていたと思う。しかし，身長が大きく運動神経も良いので，まじめに部活に来れば活躍する。勉強もやればできるタイプで，数学が得意だった。困ったことがあれば助けてくれるし，同級生からは評判の良い生徒として見られていたと思う。
　しかし，遅刻，授業中の居眠り，学校内での目立つ服装，喫煙などがあり，教師からよく注意され，それに反抗することを繰り返していた。私は，中学3年生から生活委員長という風紀委員のような役職で生徒会活動に参加していた。中学生だった私から見ると，その生徒も担任もどちらも魅力的な生徒，好印象の教師であるのに，2人の折り合いが悪いのは不思議であった。また，両者をなんとか和解させることはできないものかと思うこともあった。

自分の中学時代の記憶を思い出させてくれたのは，修士課程に入って間もない頃に実習で行った中学校の生徒であった。人懐っこく，人柄も悪くない。勉強は苦手だったのかもしれないが，自分が得意とする部活に打ち込む姿が印象的な生徒であった。学校生活の中で頑張る姿を見せる反面，私の中学時代の同級生と同じく，授業態度や服装，生活態度に気になる点がある生徒であった。この生徒に根気強く関わっていたのが生活指導主任の先生であった。この先生は，小学校時代の学校生活や家庭環境など生徒の背景を理解した上で，生徒に関わっていた。私が職員室で話しかけても気さくに対応してくださる先生で，私は好感を持っていた。学生である私から見て，生徒も教師も魅力的であるのに，私の中学時代の同級生と同様に両者は折り合いが悪いのであった。

　すぐに教師に見つかり指導されるのに，どうして中学生は私服で学校に行ったり，学校内で喫煙をしたりするのかが不思議であった。また，なんとか生徒と教師が歩み寄り良い関係を築くことはできないのか，疑問に感じ始めた。

　ここから，中学生の問題行動からスタートする中学生の学校適応研究が始まる。

　本研究では，現代の中学生の学校適応の実態を捉えると同時に，生徒指導が生徒の学校適応に与える影響を実証的な調査にもとづいて検討する。

　本研究は，「学校と生徒」，「教師と生徒」，「学校における教師と生徒」の3つの構造から構成されている。実証的な調査では，「学校と生徒」，「教師と生徒」を検討し，本研究の枠組みを提示する。得られた枠組みをもとに，「学校における教師と生徒」を検討している。

　第1部において，「学校と生徒」，「教師と生徒」，「学校における教師と生徒」の3つの問題関心を提示した。

　「学校と生徒」では，学校集団が生徒に及ぼす影響を検討する。これは，第2部第3章において検討されている。

　「教師と生徒」では，生徒指導を通して教師と生徒の関係を検討する。これは，第2部第4章において検討されている。第2部第5章では，「学校と生徒」，「教師と生徒」の2つの研究で明らかになった知見と得られた課題を融合させ，「学校における教師と生徒」を1つの単位とした研究を行うことを述べた。

「学校における教師と生徒」では，横断調査と縦断調査を組み合わせながら，教師の生徒指導の効果を，中学校における様々な状況・場面を通して検討する。これは，第3部の第6章と第7章で検討している。

　毎日が，めまぐるしく過ぎていく教育現場に身を置く教師が，「言われてみれば確かにそうだな」と日々の実践を改めて振り返ることができるような研究になればと思っている。

目　次

まえがき　i

第1部　文献研究

第1章　教育現場で起きている中学生の問題の実態 …………………… 3
　　第1節　少子化の影響を受ける学校　3
　　第2節　学校と子どもに対する社会のまなざし　6
　　第3節　児童・生徒の問題行動の現状　8
　　第4節　教育現場における生徒の不適応問題を研究対象とする意義
　　　　　　13

第2章　先行研究の課題と本研究の目的 ……………………………… 16
　　第1節　学校集団と生徒個人の関係から中学生の学校適応を捉える
　　　　　　16
　　第2節　教師の生徒指導から中学生の学校適応を捉える　19
　　第3節　中学校生活の様々な状況や場面から生徒の学校適応と生徒
　　　　　指導の効果を捉える　23
　　第4節　本研究の問題意識と目的　28

第2部　学校集団の中で生じる生徒の問題行動と問題行動に対する教師の生徒指導

第3章　学校集団の影響を受ける中学生の問題行動……………………39
第1節　中学校の規範文化と生徒の規範意識が中学生の問題行動に及ぼす影響（研究1）　40
第2節　規範文化の水準別にみる中学生の問題行動動機と問題行動の関係（研究2）　50
第3節　本章のまとめ　57

第4章　中学生の学校生活と教師の関わりを捉え直す……………………59
第1節　生徒に対する教師の生徒指導と生徒指導に対する生徒の評価（研究3）　60
第2節　教師の視点から捉え直す学校内の生徒の姿と生徒の様子に合わせた教師の生徒指導（研究4）　74
第3節　生徒に対する教師の関わり尺度と向学校的行動尺度の構成（研究5）　86
第4節　本章のまとめ　90

第5章　学校における教師と生徒の関係……………………………………91
第1節　学校，教師，生徒を1つの単位として中学生の学校適応を捉える　91
第2節　2つの生徒指導と2つの生徒の行動から中学生を捉える　92
第3節　学校，教師，生徒を1つの単位とし，生徒指導の効果を様々な場面を通して捉える必要性　94

第3部　中学校生活における教師と生徒の関わり

第6章　学校集団の再編成における生徒の適応と生徒の適応を促す生徒指導 …………………………………………………………… 101

　第1節　学校集団の再編成とそれを経験する中学生の心理的変化―学校統廃合に注目して―（研究6）　101

　第2節　環境移行を経験する中学生の心理的負担を軽減する生徒指導（研究7）　118

　第3節　本章のまとめ　137

第7章　3年間の中学校生活における生徒の学校適応を促す生徒指導 ……………………………………………………………………… 138

　第1節　問題行動を抑制する生徒指導と向学校的行動を促進する生徒指導（研究8）　139

　第2節　向学校的行動を介した間接的問題行動抑制モデルの検討（研究9）　151

　第3節　中学3年間から捉える生徒の学校適応を促す生徒指導（研究10）　158

　第4節　本章のまとめ　170

終章　中学校における生徒指導と生徒の学校適応

　第1節　本研究で明らかにされた知見とまとめ　175

　第2節　総合考察と実践への示唆　182

　第3節　本研究の課題と今後の研究に向けて　191

あとがき　195

引用文献　199

付　録　205

第1部
文献研究

第1章
教育現場で起きている中学生の問題の実態

第1節 少子化の影響を受ける学校

　2017（平成29）年度学校基本調査（文部科学省，2017a）をもとに，1948（昭和23）年から2017（平成29）年までの中学校数と生徒数の推移をグラフにしたものを以下に示した（Fig.1-1-1）。学校数，生徒数ともに国立，公立，私立を合計した値となっている。

　生徒数の折れ線グラフを見ていくと，4つの山があることが分かる。1つ目の山は，1950（昭和25）年であり，5,332,515人となっている。1953（昭和28）年から再び生徒数は増加し，1956（昭和31）年に5,962,449人となる。これが2つ目の山である。その後，1959（昭和34）年までに生徒数は減少していく。1960（昭和35）年あたりから，生徒数は急増し，1962（昭和37）年に生徒数は7,328,344人に達している。これが3つ目の山で，グラフの中で生徒数は最も多い。この1962（昭和37）年前後の中学生は，出生数が最多であった1947年から1949年頃に生まれた世代であり，いわゆる団塊の世代と呼ばれている。1962（昭和37）年以降，中学生の数は減少しているが，1981（昭和56）年あたりから再び生徒数は増加し始め，1986（昭和61）年に6,105,749人となり，ピークを迎える。これが4つ目の山である。これは1971年から1974年頃に生ま

4　第1部　文献研究

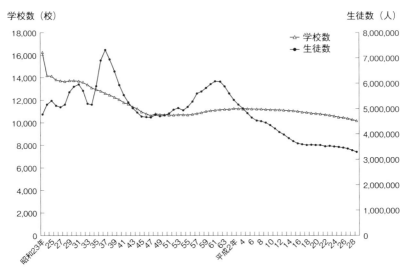

Fig. 1-1-1　生徒数と中学校数の推移

れた団塊ジュニアと呼ばれる世代である。1986（昭和61）年以降は，右下がりのグラフとなり，生徒数は減少し続け，平成29年で3,333,317人と最も少ない生徒数となっている。

　次に，中学校数のグラフを見ていく。中学校数は，生徒数と比べると数値の変動が少ない。1965（昭和40）年以降は，11,000校から12,000校の間で推移している。中学校数は，ほぼ横ばいである。中学校数は，2004（平成16）年から2005（平成17）年頃からゆるやかに減少し始めている。2004（平成16）年が11,102校，2005（平成17）年が11,035校であったのが，2017（平成29）年では10,325校となっている。

　参考までに，Fig. 1-1-2 に，児童数と小学校数の推移を示した。児童数，小学校数ともに国立，公立，私立を合計した値となっている。

　児童数のグラフはFig. 1-1-1とほぼ同様の形状となっており，1959（昭和34）年頃と1981（昭和56）年頃に児童数のピークができるグラフとなっている。

　小学校数については，1948（昭和23）年から2000（平成12）年頃までは24,000校から25,000校の間で横ばいに推移している。2001（平成13）年以降，

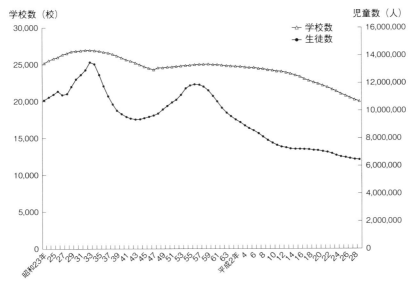

Fig. 1-1-2　児童数と小学校数の推移

小学校数は少しずつ減少している。2001（平成13）年に23,964校であったのが、2017（平成29）年では20,095校となっている。

　Fig. 1-1-1から、生徒数が最高であった1962（昭和37）年と、生徒数が最低であった2017（平成29）年を比較すると、生徒数は半分ほどに減っている。教育人口が減少していく中で、教員数や学校数を現状のまま維持するのは難しい（安田，2009）と言われる。現在の中学校は、少子化による生徒数の減少のため、学校施設が縮小されつつある状況に置かれている。学校数が減少する背後で行われているのが学校統廃合である。

　山下（2007）は、学校統廃合が近年になって加速している原因として、第1に、全国的な少子化の影響により、統廃合が一部の地域だけの問題ではなくなっていること、第2に、財政難の状況下にある自治体にとって学校統廃合は経費を削減できる手段であること、第3に、統廃合推進の政策手法・行政手法が意図的、計画的になっていること、第4に、公立学校に対する社会の不信が高まっていること、以上の4つの原因を挙げている。少子化だけでなく、財政的な問題、政策、社会の学校に対する不信感など、いくつかの要因が重なって学

校の統廃合が行われている。

　学校は災害時における避難場所や防火公園といった機能も果たしており（奥田，1993），学校を廃校にすることは地域の問題にもなってくる。行政と地域が折り合いをつけて学校の統廃合を行う必要があるため，非常に難しい問題である。そのため，学校統廃合に至るまでの行政手続きといった社会学的な視点からの研究（佐藤，2007）が多い。つまり，行政，地域，といった学校の外側からの研究が多い。

　しかし，学校統廃合のような環境の影響を最も受けるのは，その学校で生活している生徒である。現在の中学生は，学校環境の縮小が行われている中で学校生活を過ごしている。学校統廃合による学校環境の縮小による環境の変化を生徒はどのように感じているのか，その実態を心理学的に捉える研究が必要である。そのためには，学校統廃合が行われることになった中学校に対し，統廃合前後を含む縦断的な調査を行い，現代の中学生の心理的変化を実証的に明らかにすることが重要である。

　少子化という社会の動きの中に置かれた現在の学校現場の実態を捉える研究が必要である。

第2節　学校と子どもに対する社会のまなざし

1．学校に対する社会のまなざし

　社会は学校をどのように捉えてきたのだろうか。児童・生徒による凶悪事件が起きた場合，社会はその原因をどこに帰属してきたかを概観しながら，現代の学校が社会によってどのように捉えられているかを述べていく。

　広田（2001）は，社会の学校の捉え方を次のようにまとめている。1960年代までは「受験ノイローゼ」，「劣悪な家庭環境」など，その子ども自身や子どもが育った家庭環境に原因が帰属されていた。1970年代後半からは教育現場の病理や教師の指導力不足など学校に原因が帰属されるようになり，親や子どもの学校に対するまなざしが変わった。

　児童・生徒による問題行動が起きると，その原因を説明するために社会から教育現場に対し非難が向けられるようになってきている。自己中心的な保護者

や，我が子中心主義な保護者で，学校に対するクレーマーはモンスターペアレントと呼ばれ，教育現場で問題となっている（尾木，2008）。学校は非難されやすい状況に置かれている。

誰もが教育を受けてきた経験があるため，誰でも教育について何らかの見解を述べることができてしまうのが教育である（広田，2009）。職業選択や進学など子どもの進路決定の上で重要な役割を果たしてきた学校は，子どもの問題の原因が帰属されることにより，その特権的な地位を失っている（広田，2001）。学校現場に対して様々なことが求められるようになり，教育現場に余裕がなくなりつつある。

藤原は，民間出身の杉並区立中学校の校長として，よのなか科，地域本部，土曜寺子屋など公立中学校の中では新しい試みを行っているが，その中で，教えることを第一の目的とする教師本来の姿に戻してあげるのが大切だと述べている（神保・宮台・藤原・藤田・寺脇・内藤・浪本・鈴木，2008）。授業だけでなく，事務仕事や研修など仕事量が多い中，教師の本来の目的である生徒との時間を持つことに重点を置く取り組みが必要であることが上記の指摘から示唆される。

このように，教育現場に対する批判は高まっており，現場の教員に対する要請が増え，余裕がなくなっている教育現場の現状が窺える。

2．子どもに対する社会のまなざし

次に，社会は青少年のことをどのように捉えてきたのだろうか。未成年による凶悪事件をもとに，社会が子どもをどのように捉えているのかを述べていく。児童・生徒による凶悪事件に対して，現在の社会認識の多くは"少年犯罪は凶悪化した"というものとなっている。1997年の酒鬼薔薇事件以降，この傾向は強くなり，少年法の改正が行われている。しかし，実態としては，青少年による犯罪は凶悪化もしていないし，増加もしていない（河合，2004）。未成年者による非行や犯罪を概観すると，戦前から，強盗，強姦，放火，殺人といった凶悪事件は起きている（管賀，2007）。1965年頃に10代であった，いわゆる団塊の世代が，最も凶悪であったと言うこともできる（久保，2006）。現代の青少年は凶悪化しているといった社会の認識と，犯罪白書などの統計調査から明らか

になる青少年の犯罪の実態に乖離が生じるのはなぜだろうか。

原田（2001）は，戦後からの統計で見ると，子どもの凶悪事件はほぼ横ばいで推移しているのに対し，成人の犯罪が大きく減少したため，相対的に子どもの事件が目立つようになったと述べている。子どもの犯罪について，マスメディアの偏った報道のされ方が指摘されており，1）大人が犯人である場合よりも子どもの場合の方が大きく報道される，2）類似の事件は繰り返し報道されやすい（矢島，1996）と言われている。したがって，成人の事件が減少したことにより，子どもの事件が相対的に目立ちやすくなったことと，マスメディアによる偏った報道により，子どもの犯罪の凶悪化や増加といったイメージが社会に形成されてしまっていると考えられる。

学校への不信と，青少年の凶悪化に対する不安から，教育現場に対する社会の関心は高いと言えるだろう。統計的なデータから見えてくる青少年の実態とかけ離れたところで，個々人の実感をもとに教育の枠組みを変えていくことにはリスクをともなう。教育現場に対して批判を向け，教育現場に対する規制を高めることにより，教員の萎縮や教育の統制が起こる可能性（広田，2005b）もある。そのため，教育のあり方について考えるためにも，実証的なデータにもとづいて現在の中学生の実態を明らかにする必要がある。

第3節 児童・生徒の問題行動の現状

児童・生徒の問題行動を概観する。児童・生徒の問題行動等生徒指導上の諸問題に関する調査（文部科学省，2017b）では，児童・生徒の問題行動を次の4つに分類している。それは，暴力行為（対教師暴力，生徒間暴力，対人暴力，器物損壊），いじめ，不登校，高等学校中途退学等，である。

本研究では，中学生に対象を絞って研究を行うため，高等学校中途退学等を除く，暴力行為，いじめ，不登校，3つの問題行動についての学校内の統計データを見ていく。文部科学省の調査では，2006（平成18）年度以降，公立だけでなく国立，私立の学校も合わせて集計する調査方法となっている。また，2006（平成18）年度以降は統計の取り方が変わっている。例えば，いじめの場合，2005（平成17）年度まではいじめ発生件数だったのが，2006（平成18）年

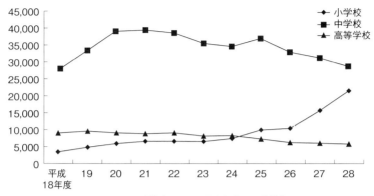

Fig. 1-3-1 学校内における暴力行為の発生件数

度からは学校が認知したいじめ認知件数となっている。そのため以下では，2006（平成18）年度から2016（平成28）年度までの11年間の統計データを扱った。

まず，暴力行為について見ていく。暴力行為は，故意に物理的な力を加える行為と定義されており，対教師，対生徒，対人（教師と同校の生徒以外の他者。例えば，他校の生徒や学校を訪問した地域住民など），対物の4種類から構成されている。暴力行為の発生件数について，2006（平成18）年度から2016（平成28）年度までの11年間のデータを，小学校，中学校，高等学校別に示した（Fig. 1-3-1）。

小学校・高等学校と比較すると，中学校における暴力行為の発生件数は高い。2013（平成25）年度以降，2016（平成28）年度までの中学校における暴力行為の発生件数は減少傾向にある。一方で，2014（平成26）年度以降，小学校における暴力行為の発生件数が増加傾向にある。2016（平成28）年度の学校内暴力行為発生件数の内訳を見ると，対教師暴力（小学校：3,618件，中学校：3,860件，高等学校：502件），生徒間暴力（小学校：14,719件，中学校：18,396件，高等学校：4,021件），対人暴力（小学校：192件，中学校：285件，高等学校：79件），器物損壊（小学校：3,082件，中学校：6,149件，高等学校：1,362件）となっている。2014（平成26）年度以降，小学校において暴力行為が増加しているのが特徴ではあるものの，すべての暴力行為において中学校段階の件

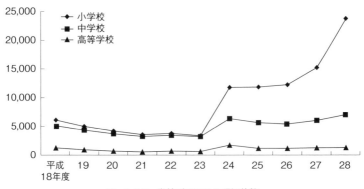

Fig. 1-3-2　学校別のいじめ認知件数

数が多いことが分かる。

　次に，いじめについて見ていく。いじめは，子どもが一定の人間関係のある者から，心理的・物理的攻撃を受けたことにより精神的な苦痛を感じているもので，いじめか否かの判断は，いじめられた子どもの立場に立って行うと文部科学省によって定義されている。小学校から高等学校までのいじめ認知件数を以下に示した（Fig. 1-3-2）。

　いじめ認知件数については，2006（平成18）年度から2011（平成23）年度までは，小学校と中学校が同水準であった。2011（平成23）年度から2012（平成24）年度にかけては，小，中，高校，すべての学校においていじめ認知件数が増加しているが，特に，小学校のいじめ認知件数の増加が顕著である。小学校と中学校とを比べると，高等学校におけるいじめ認知件数は低い水準にある。

　2011（平成23）年10月には，滋賀県大津市の中学2年生がいじめを苦に自殺した。その後，2013（平成25）年9月には，いじめ防止対策推進法が施行された。いじめ対策が強化される中で，積極的にいじめを認知しようとする動きが学校内で強まった結果，2013（平成23）年度以降，いじめ認知件数が増えたのではないかと考えられる。

　Fig. 1-3-3には，2016（平成28）年度における学年別のいじめ認知件数を示した。小学校において，いじめ認知件数の高さが窺える。小学校低学年が高く，学年が上がるにつれていじめ認知件数が低下する。小6から中1にかけて，い

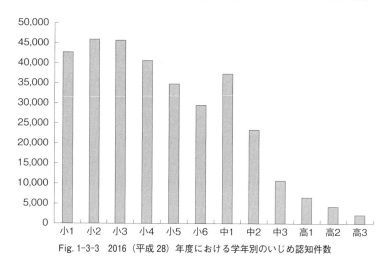

Fig. 1-3-3 2016（平成28）年度における学年別のいじめ認知件数

じめ認知件数が再び増加している。これは，中1ギャップ（神村・上野，2015）で指摘されているものと考えられる。

次に，不登校についてみていく。不登校とは，何らかの心理的，情緒的，身体的，あるいは社会的要因・背景により，児童生徒が登校しない，または，登校したくともできない状況にあり，年度間に連続または断続して30日間以上欠席した児童生徒のことと定義されている。

小・中学校における不登校の児童，生徒数をFig. 1-3-4に示した。

小学校における不登校児童は，2万人程度，中学校における不登校生徒は，10万人程度で推移している。小学校，中学校ともに，2013（平成25）年度以降，ゆるやかに増加傾向にある。小学校よりも中学校の方が，不登校数は多いことが分かる。

次に，児童・生徒と関わる教員側の実態を見ていく。精神性疾患による教員の休職者数から，児童・生徒と関わる教員の実態を以下では述べていく。

Fig. 1-3-5に精神性疾患による教員の休職者数を示した。過去10年間において，教員の休職者数は年々増加している。教員の負担が増加したことにより，教員の休職者数も増加したと推測される。

Fig. 1-3-1からFig. 1-3-5に示した児童・生徒側の統計結果をみると，暴力行為，いじめ，不登校といった教育現場における学校適応上の問題は，中学校

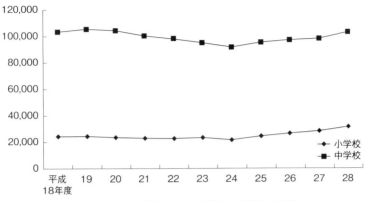

Fig. 1-3-4 小・中学校における不登校の児童数，生徒数

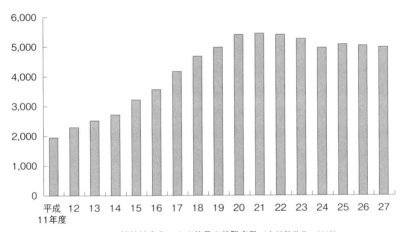

Fig. 1-3-5 精神性疾患による教員の休職者数（文部科学省，2015）

段階で際立って大きいことが分かる。文部科学省では1995年より，中学校を最優先にしてスクールカウンセラーの配置を開始してきた。現在は，スクールカウンセラー等活用事業費補助として小学校や高等学校にもスクールカウンセラーの配置が拡充されつつある。このような取り組みが行われているものの，中学校における生徒の学校適応上の問題は横ばいに推移しており，その対応の

難しさが窺える。そして，Fig. 1-3-5 に明らかになっているように，精神性疾患による教員の休職者数は，2009（平成 21）年の 5,458 名をピークに，それ以降は 5,000 名前後で推移している。教師を取り巻く環境も厳しいと考えられる。

中学生の問題への対応の難しさと，教員の労働環境の著しい変化（広沢，2004）の 2 側面から，中学校に焦点を当て，生徒の学校適応上の問題に関する研究を行う必要がある。

第4節　教育現場における生徒の不適応問題を研究対象とする意義

問題行動が低年齢の段階で引き起こされると継続化しやすく，学年が上がるにつれ，経験する問題行動の複数化が起きる（秦，1984）。それに加えて，問題行動は個人内だけに留まっているだけでは済まされない。生徒個人による問題行動が，学級や学校全体へと影響し，雰囲気の悪化とそれによる問題行動の継続化が生じる（加藤，2003）。例えば，加藤・大久保（2004）は学校で継続化される荒れについてのモデルを提示している。まず，学校が荒れる。その後，問題生徒と一般生徒との間に指導のダブルスタンダード化が生じる。ダブルスタンダード化により，真面目に頑張っている一般生徒の，教師に対する不満感が高まる。一般生徒の不満感が高まることで，一般生徒の学校生活に対する感情や規範意識が低下し，その結果，反学校的な生徒文化が形成される，というモデルである。

このモデルは，特定の生徒や小規模の生徒集団による問題行動の発生が，学校全体へと波及する可能性があることを示している。特に，問題生徒に焦点を当てた教師による指導や援助が，一般生徒による反学校的な生徒文化の形成を促し，荒れが継続化されることを示している。

このように，学校内で発生した中学生の問題行動に対して，教師が介入を行ったとしても，それがダブルスタンダード化した指導の場合は，さらに問題行動を悪化させる。つまり，教師が良かれと思って問題生徒に行った指導が，一般生徒の不満感を増大させてしまい，問題が続いてしまう。学校で起きる問題は，その対処が難しい問題でもあることが分かるだろう。

以上に述べてきたことをまとめると，問題行動の発生による弊害を次の2つにまとめることができる。

　第1に，問題行動の継続化により，教師の生徒指導に対する負担が増加するということである。昨今，教師の仕事量が増加していると言われている（広沢, 2004）。そして，教師のストレスが子どもに与える悪影響についても指摘されている（秦，1994）。したがって，生徒による問題行動の発生と継続化により，教師の仕事負担量が増え，学校教育の質が低下すると考えられる。

　第2に，問題行動には関与していない一般生徒に対する悪影響が挙げられる。例えば，教師が問題生徒への指導にかかりっきりになることで，授業が中断される。問題生徒による授業妨害によって，一般生徒が授業をうけることもままならなくなる。以上のことによって，一般生徒の学校に対するネガティブな感情が高まり，不登校などの問題にもつながるとも考えられる。学校での問題の多くは，法律に反するほどの水準のものではないが，学習面や生活面などから判断して，それらにはなんらかの対応が求められるのである。

　以上2つの理由から，学校内の問題行動に対する介入策や生徒への対応方法を考えることは急務であると言えよう。

　これまでの先行研究は，警察や法務省の研究者により，鑑別所に収容された経験のあるような逸脱性の高い非行少年を対象としたものが多かった。しかし，これらの研究は，青少年全体の中のごく一部の逸脱性の高い青少年を対象としたものである。したがって，青少年の問題行動のうち，一側面しか捉えられない。社会の教育現場への関心は高まっているため，学校における一般的な子どもの学校適応上の問題に関する研究も蓄積していくことが重要である。そのためには，少子化をむかえた学校現場の実態や，中学生の問題行動のような学校不適応の実態を捉える研究を行う必要がある。

　秦・片山・西田（2004）は，高校生の法的基準からの逸脱行動と青少年の健全な発達に望ましくないと考えられる行動との間に関連性を見出した。つまり，逸脱を広く捉え，法的基準にもとづかない行動も問題と考えている。松本（1995）は，問題行動を以下のように定義する。第1に，学校や社会秩序の維持の観点から問題である行動である。第2に，社会的には問題視されなくても，青少年の発達指導の観点から少年自身にとって問題であり，見過ごすことので

きない行動である。

　本研究では，触法行為というよりは，中学校現場で引き起こされる生徒の学校適応を扱うため，問題行動を広く捉える。井上・矢島（1995）は，学校における問題行動を，教育上，指導を要する行動を問題行動と定義している。教師の視点から見て問題とみなされるものが問題行動である。したがって，教師の価値基準があり，生徒がその価値基準に合わせていくことが学校適応である。教師の価値基準から生徒が逸脱する場合，それは問題視される。本研究では，この井上・矢島（1995）の定義にならい中学生の学校内の問題行動を定義し，中学生の学校適応の問題を研究していく。

　問題行動は，非行，いじめ，授業妨害といった反社会的性質を持つものと，不登校や引きこもりといった非社会的性質を持つものに分けられる。加藤・大久保（2004）のモデルにあったように，学校という集団の中で，学校の枠からの逸脱である反社会的行動が引き起こされた場合に，問題行動の当事者の生徒だけでなく，それを取り囲む一般生徒にも影響する。当事者の生徒だけでなく，それを取り囲む生徒への悪影響も考え，本研究では，反社会的な性質の問題行動に焦点を当て，中学生の学校適応上の問題を検討する。

第2章
先行研究の課題と本研究の目的

第1節 | 学校集団と生徒個人の関係から中学生の学校適応を捉える

1. 集団レベルの変数に注目して学校適応を捉える

　生徒の学校適応に関する心理学研究の多くは，なんらかの個人レベルの変数にもとづき，学校適応や問題行動との関連を明らかにしてきた。例えば，岡安・嶋田・丹羽・森・矢冨（1992）は，友人関係や学業に関するストレッサーは，抑うつや無気力などのストレス反応と関連があることを示している。その他には，学業への志向性の低さが逸脱行動と関連すると指摘するもの（米川，1996），セルフコントロールの低さが問題行動と関連すると指摘するものがある（Gottfredson & Hirschi, 1990）。内山（2003）は，1989年と1999年における男子中学生の規範意識を比較しているが，1999年の方がわずかではあるが，犯罪行為について「してもよい」あるいは「やむをえない」と回答している割合が増加していると述べており，個人レベルの規範意識の低下と逸脱行動の関連を示唆している。1998年から2002年までの4年間の間に，高校生は性非行に対してより許容的になっている（中塚・小川，2004）。

　従来の先行研究には，学業成績，ストレス，規範意識といった個人レベルの

変数に注目した研究が多かった。これらの研究は，"ある生徒が問題行動を引き起こすのはなぜか？"という個人レベルの視点から問題行動の発生を明らかにすることができる。しかし，ある特定の学校が荒れ続ける（住田・渡辺，1984）といったように学校内の問題行動には，集団レベルの変数が影響する現象が見られる。これは個人レベルの変数にのみ注目した研究からは明らかにすることができない現象である。学校内で起きる生徒の問題行動を研究するにあたって重要なことは，学校集団が生徒個人に与える影響であり，学校集団レベルの変数を組み込んで，学校内の問題行動が起きることを説明することである。学校集団レベルにも注目し，学校集団が生徒個人に及ぼす影響を検討することにより，生徒の学校適応の研究を行う必要がある。

2．学校集団レベルの規範に注目する

　荒れている中学校と荒れていない中学校の比較や，進学率の低い高校と進学率の高い高校といった学校の特徴の比較を行うと，学校適応感を規定する要因は学校ごとに異なる（大久保，2005）。生徒によって引き起こされる学校内の問題には，学校集団が関係していると考えられる。

　近年，学級や学校などの集団レベルの変数に注目した研究も行われている。学校集団の要因が問題行動に与える影響を示した先行研究では，生徒文化に注目した研究が行われている。加藤・大久保（2005a）は，荒れている中学校では，問題行動をしない生徒が問題行動を引き起こす生徒を肯定的に評価する反学校的生徒文化が形成されている可能性を示唆している。教師と生徒の関係が悪化することで中学生の規範意識が低下し，それにともない，反学校的な生徒文化が形成される（加藤・大久保，2005b）。学校の荒れのような学校全体の問題には，集団レベルの変数の影響が大きいことが示唆される。

　いじめについては，集団レベルの規範である学級集団規範がいじめを抑止する（大西・黒川・吉田，2009）。学校内の問題行動については，生徒個々人は授業中に私語をするのは望ましくないと考えているが，クラスみんなの規範に応えて，偽悪的にふるまっている（卜部・佐々木，1999）。これらの指摘は，個人レベルでは「やってはいけないこと」として規範を理解しているが，集団が持つ規範の影響（Felson, Liska, South, & Mcnulty, 1994）を受けて，規範から逸

脱していると考えられる。つまり生徒は，問題行動をやってはいけないと個々の意識レベルでは規範を理解しているにもかかわらず，学校やクラスといった集団レベルの規範の影響力が，個人レベルの規範意識を上回ってしまったため，生徒は問題行動を引き起こしていると推測される。

3．規範文化の高低の水準別にみる生徒の問題行動動機

　これらの研究は，"生徒の問題行動に対して，個人レベルの変数と集団レベルの変数のどちらの影響力が強いのか？"を明らかにできる。従来は焦点の当てられてこなかった集団レベルの変数が生徒個人に及ぼす影響力を示すことができる研究と言える。

　しかし，集団レベルの変数と個人レベルの変数の，どちらの影響力が大きいかという単純な比較では中学生の問題行動の一側面しか捉えきれない。学校集団レベルの影響力が強くなった場合，生徒は学校集団の影響力とどのように折り合いをつけ，どのような理由で自分の行動を合理化し，問題行動を引き起こすのか，問題行動を引き起こす動機を明らかにする必要がある（石毛，1994；間庭，2001）。

　刑法では，人間を理性的で合理的であるという前提に立ち，犯罪遂行における動機が犯罪の構成要件となる（安香・麦島，1980）。そして，非行少年が犯罪的な意図を持っていたときに制裁が加えられる（Sykes & Matza, 1957）。動機は問題行動の質を決定する情報となるため，教師が生徒への生徒指導方針を考える上で重要な情報となる（中山・三鍋，2007）。「個人の価値基準ではなく，学校集団レベルの影響を受けて問題行動を引き起こす場合，どのような動機にもとづいて生徒は問題行動を引き起こすのか？」を明らかにすることが，問題行動への対応を考える上で重要となる。

　本研究では，生徒集団のレベルで共有されている規範を規範文化と定義し，集団レベルの規範文化に焦点を当てる。学校が持つ規範文化の水準によって，学校を〈規範文化の低い学校〉と〈規範文化の高い学校〉に分ける。そして，それぞれの学校集団が持つ規範文化の水準によって，生徒が引き起こす問題行動の動機にどのような違いが見られるのかを検討する。生徒の問題行動動機と問題行動の関係を規範文化の水準別に検討することにより，学校集団が生徒個

人に及ぼす影響を明らかにする。

第2節 教師の生徒指導から中学生の学校適応を捉える

1．教師と生徒の非対称的な関係性

　学校は生徒の学力をつける場であると同時に，社会化を促すために生徒を枠にはめる場でもある（諏訪，2007）。学校内においては，生徒の社会化を促すための枠があり，教師から生徒に対して，様々な目標が与えられ，それを達成することが求められる（Eccles, Midgley, Wigfield, Buchanan, Reuman, Flanagan, & Iver, 1993；岡田，2006）。学校内では，教師から要請された活動に取り組むことが，生徒に求められている。教師は生徒に対して指示・指導する立場にあるため，教育現場は，子どもの心理面や家庭に介入や操作を行う権力性を有している（広田，2003）。教育現場が持つ権力性により，問題を未然に防ぐ予防という視点が強くなりすぎると，過剰な介入や管理が行われる危険が高まる（広田，2005a）。教師は指導し，生徒はそれに従いながら学校に適応していくという非対称的な関係が学校にはある（広田・平井，2007）。

2．中学生の発達を促す役割を持つ生徒指導に注目する意義

　中学生は第二次性徴を迎える時期にあり，身体の変化と，それにともなう心理的な変化を経験している（上長，2007）。発達的な観点からみると，中学生は心身ともに未熟性を備えている。そのため，生徒に対する介入が過剰にならないよう限界を設定した上で，子どもを教育する必要がある（広田，2003）。子どもの発達を促進することを目的とし，教師は生徒に関わっていくことが必要となる。

　第2章第1節で述べたように，これまでの先行研究の多くは，主に生徒個人の要因に焦点を当て，生徒の問題行動のような学校不適応を規定する要因の検討を行ってきた。生徒個人レベルの変数に注目することにより，ある生徒がなぜ学校不適応に陥るのかを明らかにすることができる。「なぜ生徒は学校不適応に陥るのか？」を説明することに主眼が置かれた研究が蓄積されてきたと言える。

しかし，生徒の学校不適応に関連する要因を指摘するだけでは不十分である。教育実践において重要なのは，不適応状態にある生徒に対し，教師がどのように関わることが生徒の学校適応の促進につながるのかを明らかにすることである。教師と生徒の関係に注目し，学校内の問題行動についての研究を行う必要がある。本研究では，中学生の学校適応に関する問題行動を，教師による生徒指導をもとに検討していく。

3．能動的な生徒指導と事後的な生徒指導の2つから中学生の学校適応を捉える

　生徒指導と学校適応の関連を検討する研究では，ある問題場面において教師はどのように対処していこうとするのか，その傾向を明らかにしている。

　内気・引っ込み思案，授業中の落書き，おしゃべり，教師への直接的反抗など小学校における12の問題場面を設定し，それぞれの場面における教師の言葉がけが明らかにされている（西口，2005）。生徒指導に関する研究の多くは，問題場面に焦点を当て，生徒によって引き起こされた問題に事後的に対応する事後的指導や消極的指導（山本，2007）から研究が行われてきた。そして，問題状況というマイナスの状態を，問題が起きていないゼロの状態にしていくために，教師は生徒とどのように関わる必要があるのかが明らかにされてきた。生徒指導に関する研究は，問題場面における事後的指導に偏って行われてきたと言える。

　しかし，教師は問題場面に対する対処療法的な事後的指導だけでなく，すべての子どもや集団のよりよい発達を目指す積極的な目的にもとづいた（宮下，2005）能動的な生徒指導を行っている。毎日学校に登校し，授業に出席したり，学校行事に参加したりすることで学校生活に関与している生徒に対し，教師は積極的に働きかけている。生徒が学校に登校し，授業や部活，行事に参加することは，教師の立場から見れば，当たり前のこととも言える。当たり前であるがゆえに，学校生活を前向きに過ごしている生徒に対して，教師がどう関わっているのかは，教師自身も無自覚になっていると考えられる。事後的指導や消極的指導と比べ，積極的指導（嶋崎，2007）や開発的指導（八並，2008）と呼ばれる生徒指導に関する研究は十分蓄積されているとは言えず（Gottfredson & Gottfredson, 2001），その指導の効果も実証的なデータにもとづいて十分に

検討されているとは言えない。積極的指導や開発的指導といった関わり方が，生徒の学校適応とどのような関係にあるのかを実証的に明らかにすることも必要である。

　学校内で問題を起こさず生活している生徒に対し，教師が日々の学校生活の中で積極的指導や開発的指導などを通して，どのように関わっているのかを明らかにすることは，実践的な意義もある。事後的指導に注目すると，生徒が問題を引き起こしたときのような学校不適応というネガティブな側面から生徒を捉えることになる。例えば，なぜ，ある生徒は問題を引き起こしたのか，どうしたら生徒の問題行動を生徒指導によって抑止できるのか，という問いから中学生の学校適応を捉えることになる。それに対し，積極的指導や開発的指導などにも注目すると，生徒が問題を起こさず，学校生活に意欲的に取り組んでいるポジティブな側面からも中学生の学校適応を捉えることができる。例えば，学校内でトラブルが多い生徒ではあるが，その生徒が学校生活により関与するようになるためにはどうしたらいいのか，という問いから，中学生の学校適応を捉えることができるようになる。

　事後的指導や消極的指導が，問題状況というマイナスの状態を，問題が起きていないゼロの状態にすることを目指す関わり方とすれば，積極的指導や開発的指導は，問題が起きていないゼロの状態から，生徒がより学校生活に関与していくようにするゼロからプラスを目指す関わり方とも言えるだろう。事後的指導や消極的指導と，積極的指導や開発的指導の両輪で中学生の学校適応を捉えることで，生徒の問題行動に対する対応方法を，より広い視野から考えることができるようになる。

4．生徒が問題を引き起こしていないときにも注目する必要性

　これまでの生徒指導研究は，問題場面に焦点化してきたことを先に述べた。問題場面に焦点化することにより，生徒の問題行動といった教師から見て生徒のマイナスの部分にのみ注目した研究が行われることになる。そして，マイナスをできるだけゼロに近づけようとアプローチが採られてきた。しかし，問題行動のような中学生のマイナスの部分に注目し，それをできる限りゼロに近づけようとするアプローチには限界がある。なぜならば，中学生は発達的に教師

が設定する枠からはみ出るような問題行動を生じやすいからである。

　中学生は第二次反抗期の始まりであり，思春期における行動上の問題として親や教師など大人に対する反抗が取り上げられる（佐々木，1994）。このような思春期の特定の時期に問題行動が増加する現象は文化を超えて普遍的に報告されている。発達的な視点から逸脱行動について検討した研究では，生涯にわたって逸脱行動に関与するグループと，青年期のみに逸脱行動に関与し，成人期にさしかかると非行や犯罪から離れていくグループが存在することが明らかにされており，後者のグループは，発達的に正常なものとみなされている（Moffitt, 1993）。日本においてもこの研究結果と同様に14〜16歳あたりで反社会的行動がピークに達する逆U字型の結果が報告されている（原田・米里，1997；岡邊，2007）。つまり青年期の一時期に顕著にみられる反社会的な態度や行動は，文化を越えた普遍的な発達現象と考えることができる。

　発達的な視点から問題行動を捉えると，思春期に見られる問題行動は，青少年の健全な発達に望ましくない行動と言いきれない側面もある。第二次反抗期とよばれる親や社会に対する批判や反抗を経験していくなかで，自立や自己同一性の確立に向かう時期（落合，1991）と言われているからである。発達的な観点でみると，中学生の問題行動は一定程度起きるものであり，完全にゼロの状態にすることはできない。

5．遵法と逸脱を行き来する存在として生徒を捉える

　青少年は，逸脱的な文化と遵法的な文化を漂流している（Matza, 1964）。第二次反抗期の真っ直中で問題行動を引き起こす中学生であっても，四六時中問題行動を引き起こしているわけではない。行事に参加する，ある特定の科目に対しては意欲的に取り組むなど，教師が設定した枠の中で生徒は生活している場面もある。

　中学生の問題行動のような学校不適応を研究するにあたっては，行動指標として規則からの逸脱に対応する問題行動や非行だけに注目するのは不十分である。学校内では，問題行動や非行をしないことだけでなく，教師が生徒に要請する活動に取り組むことも中学生には求められている（Eccles, Midgley, Wigfield, Buchanan, Reuman, Flanagan, & Iver, 1993；岡田，2006；諏訪，

2007)。そのため，中学生が教師から要請された枠に収まっている遵法的な文化に対応する行動指標も研究対象としなければならない。従来の研究のように「なぜ生徒は逸脱するのか？」という観点からの研究は，思春期の中学生の特徴の一側面しか明らかにできない。中学生の発達的な特徴を踏まえるなら，「第二次反抗期を経験し学校の枠から逸脱的になりやすい生徒が，なぜ遵法的な学校文化に留まっているのか？」という観点から中学生の学校適応を研究することも重要である。

第3節　中学校生活の様々な状況や場面から生徒の学校適応と生徒指導の効果を捉える

1．学校における教師と生徒を全体として捉える

　第1節では学校集団と生徒個人の関係から中学生の学校適応を研究する必要性を述べた。第2節では教師の生徒指導が生徒に及ぼす影響から生徒の学校適応を捉える必要性を述べた。第1節と第2節の課題を2つ挙げることができる。

　1つ目は，学校集団が生徒の学校適応に与える影響と，生徒指導が生徒の学校適応に与える影響を，単一の場面や特定の状況をもとに検討することで，中学校生活全体を捉えにくくなることである。

　2つ目は，「学校集団と生徒」，「教師と生徒」のように，学校，教師，生徒の3つを，それぞれ切り離して検討することで，学校，教師，生徒で構成される学校適応の実態を捉えられなくなる点である。

2．複数の場面や状況から生徒指導と学校適応を捉える

　学校には様々な場面や状況がある。例えば，3年間を通した中学校生活全体がある。生徒が問題行動を引き起こすような，学校の枠から逸脱する問題行動場面がある。進級やクラス替えといった一般的な学校において見られる環境移行場面や，学校統廃合といった一部の学校において見られる特殊な環境移行場面がある。中学校生活のある1つの状況や場面を取り上げた研究だけでは，生徒の学校適応の実態を十分に捉えられない。ある場面で有効な指導が別の場面や別の子どもに有効であるとは限らないため，指導方法のレパートリーに幅を

持たせることが必要（西口，2004）と言われている。教師から生徒への生徒指導の効果を研究する上でも，複数の学校生活場面を取り上げて検討する必要がある。

本研究では，中学校生活に関する様々な状況や場面を取り上げ，それぞれの状況における生徒指導と生徒の学校適応の関係を明らかにした上で，生徒指導の効果を明らかにする。

3．環境移行を通して教師と生徒の関係を捉える

学校の中で教師と生徒は生活している。学校，教師，生徒を切り離さず，その3者を1つの単位として研究することが重要である。学校，教師，生徒を1つの単位とし，学校環境の中で教師から生徒への生徒指導を捉えるために，環境移行に注目する。入学，卒業，進級，クラス替えなどを通して学校集団は変化する。学校集団が変化し，環境が変わるときに，教師と生徒はその新しい環境に移行していくことが求められる。ある出来事が生起する前と生起した後を比較したときに，出来事の渦中にある人に混乱を生じさせるような移行は危機的移行である（山本・ワップナー，1991）。

移行の研究としては，小学校から中学校への移行（小泉，1992；小泉，1995；小泉，1997；都筑，2008）などがある。環境の変化が生徒に及ぼす影響が明らかにされており，学校集団が生徒個人に与える影響は検討されている。

しかし，環境移行を通じて生徒に学校適応上の変化が生じれば，教師と生徒の関係性も変化すると考えられる。環境移行を経験する生徒に生じる心理的変化を明らかにするだけでなく，環境の変化により教師と生徒の二者間に生じている相互作用が，どのように変化するのかを明らかにすることも重要である。特に，危機的環境移行を経験している生徒の心理的負担を軽減するために，教師は生徒に対してどのように関わっていくのか，生徒指導が生徒の学校適応に与える影響を明らかにする必要がある。本研究では，環境移行に着目しながら，以下の2つの観点から研究を行い，学校現場の実態を捉えていく。

1つ目は，学校環境の変化とともに，そこで生活している生徒にどのような心理的変化が生じるのか，環境移行が生徒に与える影響を明らかにすることである。進級やクラス替えといったどの学校にも一般的な場面から，学校統廃合

といった特殊な場面までを含め，変化した学校環境に生徒がどのように適応していくのかを多面的に捉えていく。そして，現代の中学生の学校適応の実態を捉えていく。

　2つ目は，危機的環境移行を経験した生徒に対し，教師がどのように関われば，生徒の学校適応を促進することができるのか，環境移行過程における教師と生徒の相互作用を生徒指導から明らかにすることである。本研究では，危機的環境移行場面として学校統廃合に注目し，学校統廃合前から学校統廃合後にかけての生徒の学校適応の変化に対し，教師はどのような生徒指導を行うことが必要なのかを明らかにする。

4．学校集団の再編成から捉える環境移行と生徒指導

　学校集団と生徒の関係を環境移行から検討するための方法として，学校統廃合に焦点を当てることは先に述べた。学校統廃合に注目することには2つの意義がある。

　1つ目は，第1章第1節で述べたように，近年，少子化の影響により学校の縮小が行われているからである。学校統廃合を研究対象とすることにより，少子化という社会背景に置かれた現在の学校の実態を捉えることができる。

　2つ目は，学校統廃合は，ある日を境に慣れ親しんだ学校環境が変化し，生徒はその新しい環境に適応していくことが必要となるからである。ある一時点を境に，その前後で学校環境は大きく変化し，学校環境が再編成される。学校統廃合において，学校環境の変化が生徒の学校適応に与える影響は大きいと考えられる。そのため，クラス替えや進級といった一般的な学校でも見受けられる環境移行とは異なり，学校統廃合は，学校環境の再編成が生徒個人に与える影響をより鮮明に検討することができる。

　学校統廃合という学校集団の再編成過程を研究するにあたり，以下の2つを検討する。1つ目は，学校集団の再編成過程において，学校集団と生徒個人との間にどのような影響関係があるのかを明らかにする。2つ目は，学校集団の再編成過程において，生徒の学校適応を促進するために教師はどのような生徒指導を行えばよいのか，危機的環境移行過程における生徒の学校適応に対する生徒指導の影響を明らかにする。

5．3年間の学校生活から捉える環境移行と生徒指導

　これまでの中学生の学校適応研究の多くは，ある一時点における学校適応を捉えたもの（石本, 2010）や，学校ごとに生徒の学校適応を検討したもの（大久保, 2005）が多かった。縦断的な方法を用いた研究では，1学期から2学期にかけての調査から，夏休み以降に非行リスクを高める要因の検討がなされている（小保方, 2006）。ある特定の時期に焦点を絞り，生徒の学校適応を検討することは重要である。

　しかし，入学直後の中学1年，学校生活に慣れ始めた中学2年，高校受験が近づく中学3年と一般的に言われるように，学年ごとに特徴が見られる。それぞれの学年の特徴に合わせて，生徒の学校での過ごし方の様子も変動すると考えられる。ある一時点や特定の場面に焦点を当てた調査からは，中学生の学校適応の一側面しか捉えることはできない。

　小学校から中学校にかけての生徒の時間的展望を5回にわたる縦断調査をもとに検討した都筑（2008）によると，中2の1学期から中2の3学期にかけて空虚感の上昇が見られる。中学校から高校にかけての時間的展望を横断的に検討した，都筑（2009）の結果では，中1から中2にかけて将来への希望や計画性の低下，そして空虚感の上昇が明らかにされている。中学校入学後，中学生は部活，勉強，上級生との関係といった環境の変化を経験しながら，身体的発達と性的成熟を経て自分自身への関心が高まってくる（都筑, 2001）。生徒は，中学3年間で様々な経験を積み重ね，自己の確立に向けて成長していく必要がある。したがって，縦断的な研究方法を用いて3年間の中学校生活を捉え，中学生の学校適応の実態を明らかにすることが重要である。

　中学3年間の環境移行を研究するにあたり，以下の2つを検討する。1つ目は，3年間の学校生活においてクラス替えや進級などの環境移行を経験することによって生じる生徒の学校適応の変化を明らかにする。2つ目は，3年間の中学校生活で環境移行を経験する生徒に対し，生徒の学校適応を促進するために教師はどのように関わればよいのか，中学3年間の生徒の学校適応に対する生徒指導の影響を明らかにする。

6．生徒側に焦点を当てて捉える生徒の学校適応と生徒指導

　中学校において教師は，生徒の問題行動のような学校適応上の問題が発生した場合，それに対して何らかの対策を実践する。それにもかかわらず，生徒の問題行動といった不適応状態は継続されることがある。むしろ悪循環が形成され，生徒は遵法的な学校集団からますます遠のく場合もある（加藤，2001）。

　ある問題が起きたときに，それを解決しようと様々なことをやっているのに，問題が解決するどころかそれが継続され，意図に反してさらに悪化していくようなこともある（長谷，1991）。これは，問題－偽解決循環（長谷川，1987）と呼ばれる。ある問題が生じた際には，その悪循環を描き出し，解決に向けて努力してきたこれまでの対処方法とは異なる対処方法を実践することで悪循環を断ち切る（長谷川，1987）。

　教師は良かれと思って問題に対する何らかの実践をしても，生徒には教師の意図が伝わらず，生徒の問題行動がさらに悪化することがある。教師と生徒の関係において，問題－偽解決循環（長谷川，1987）の悪循環に陥らないようにするためには，生徒が引き起こす問題に対し，教師がどのような意図で関わったかを明らかにするだけでは不十分である。それは，教師の独りよがりにつながり，教師から生徒に対する一方向的な生徒指導になってしまう可能性があるからである。生徒側に焦点を当て，教師からの働きかけを生徒はどのように受け止め理解したのかを明らかにすることが重要になってくる。生徒側に焦点を当て，生徒が教師の働きかけをどのように受け止めるのかを明らかにすることは，次のような意義がある。それは，生徒側の生徒指導の受け止め方と教師側の生徒指導の意図のズレを明らかにできることである。教師の生徒指導を生徒はどのように評価しているのかを明らかにすることで，教師の意図に反して問題が継続していく問題－偽解決循環（長谷川，1987）を断ち切る糸口を明らかにすることができる。本研究では，生徒の側から，学校適応や生徒指導を明らかにしていく。

第4節 本研究の問題意識と目的

1．本研究の問題意識
（1）学校集団と生徒の影響関係を検討する必要性
　中学校内における問題行動は，学校集団の中で起きている。従来の研究では，攻撃性，衝動性や規範意識など個人レベルの変数をもとに，中学生の問題行動との関連を検討してきた。しかし，学校では生徒の問題が学校レベルで維持されることがある。これは，学校集団が生徒個人に影響を与えているためと考えられる。したがって，中学生の学校適応上の問題を研究対象にする上では，学校集団レベルの変数に注目し，学校と生徒の関係から生徒の学校適応を検討する研究が重要である。

（2）教師による生徒指導をもとに生徒の学校適応を検討する必要性
　従来の研究では，思春期の問題行動と関連する要因や，学校適応を規定する要因の検討を行うものが多かった。一方で，中学生の問題行動を減少させ，生徒の学校適応をより促進するために，教師はどのような観点から生徒の問題にアプローチしていくことが有効なのかを検討する研究は十分に蓄積されているとは言えない。生徒の不適応に関連する要因を明らかにするだけでなく，生徒の学校適応を促進するために，教育現場では何ができるのか，具体的な対応方法を明らかにする必要がある。教育現場を対象とする研究では，不適応状態にある生徒が学校に適応していくためには，教師が生徒にどのように関わることが必要なのかを明らかにすることが重要である。

（3）学校における教師と生徒を一つの単位とし，複数の場面から生徒指導の効果を検討する必要性
　従来の研究の課題の1つは，ある一時点や，ある特定の状況から生徒の学校適応を捉えるものが多い点であった。中学3年間の実態を捉えるよう，学校内における様々な状況を対象とした研究を行うことが重要である。課題の2つ目は，学校，教師，生徒の3つを，それぞれ切り離して検討している点が挙げら

れた。学校の中で教師と生徒は生活している。したがって，学校，教師，生徒を切り離さず1つの単位として研究することが重要である。そのためには，環境移行に注目し，以下の2つを検討することが重要である。1つ目は，環境移行を通じて生徒にどのような変化が生じるのか，環境移行が生徒の学校適応に与える影響を明らかにすることが必要である。2つ目は，環境移行を経験した生徒に対し，教師がどのように関われば，生徒の学校適応を促進させることができるのか，環境移行過程における教師と生徒の関係を，生徒指導をもとに明らかにすることが必要である。

（1）から（3）の3つの問題意識から，以下の3つの目的を設定し，研究を行う。

2．本研究の目的

（1）学校集団が生徒個人に及ぼす影響を，以下の調査から明らかにする。

まず，学校集団の影響を受けて生徒が問題行動を引き起こす時の動機は何かである。具体的には，〈規範文化の低い学校〉と〈規範文化の高い学校〉を比較し，それぞれの学校で生徒はどのような動機にもとづいて学校内の問題行動を引き起こしているのかを横断調査をもとに明らかにする。

（2）事後的指導に偏りがちであった生徒指導と，問題行動という生徒のマイナスの側面に注目しがちであった逸脱行動研究を，以下の3つの調査をもとに捉えなおす。

第1に，教師へのインタビュー調査をもとに，教師は生徒の様子に応じてどのような生徒指導を行っているのかを明らかにする。そして，生徒へのインタビュー調査をもとに，生徒は教師の生徒指導をどのように評価しているのかを明らかにする。

第2に，教師を対象とした自由記述調査をもとに，教師は生徒のどのような様子に注目しているのか，教師は生徒の様子に合わせてどのような生徒指導を行っているのかを具体的に明らかにする。

第3に，インタビュー調査と自由記述調査の2つの調査結果から明らかになった生徒指導の枠組みをもとに，量的調査で用いる2つの尺度を構成する。1

つ目は，事後的指導に偏りがちであった生徒指導を，積極的指導や開発的指導を含め，従来よりも広く捉えることができる生徒指導に関する尺度である。2つ目は，生徒の問題行動というマイナスの側面だけでなく，生徒が学校生活に関与し，適応しているプラスの側面を捉えることができる生徒の行動面に関する尺度である。

（3）教師の生徒指導が生徒の学校適応に及ぼす影響を，以下の3つの場面から捉える。

まず，学校統廃合という学校集団の再編成過程において，危機的環境移行を経験する生徒の実態を明らかにする。そして，危機的環境移行を経験した生徒の心理的負担を軽減するために，教師はどのような生徒指導を行えばよいのかを縦断調査をもとに明らかにする。

次に，学校内において生徒が問題行動を引き起こした問題行動場面に焦点を当てる。その際，学校内における生徒の逸脱的な面と遵法的な面の2つを捉える。そして，生徒の逸脱的な面を軽減し，生徒の遵法的な面を促進するための生徒指導を横断調査と縦断調査を組み合わせることにより，明らかにする。

最後に，3年間の中学校生活の中で進級やクラス替えといった環境移行を経験する生徒の実態を明らかにする。そして，生徒が3年間の学校生活を過ごす中で，どのような生徒指導が，生徒の学校適応を促進させることができるのかを縦断調査をもとに明らかにする。

3．本書の構成

本書は，第1部から第3部までの3部構成となっている。まず，第1部から第3部までの全体の流れを述べる。

第1部では，教育現場の実態を概観した上で，先行研究の整理をもとに，本研究の3つの研究目的を導き出した。

1つ目の目的は，学校集団と生徒の関係を検討することである。本研究では，学校集団レベルの変数として規範文化に注目する。規範文化の高低の水準によって生徒が引き起こす問題行動動機がどのように異なるのかを検討する。

ここでは，生徒の問題行動動機尺度と問題行動経験尺度を構成し，中学生の学校適応を捉える方法を提示する。さらに，規範文化をもとに，学校集団が生

徒個人に与える影響を検討する。この1つ目の目的は，第2部第3章で検討する。

2つ目の目的は，教師による生徒指導をもとに生徒の学校適応を検討することである。事後的指導に偏って研究されてきた生徒指導と，問題行動という逸脱的な側面に偏って研究されてきた生徒の学校適応を捉えなおすことを目的とする。教師と生徒を対象としたインタビュー調査と教師を対象とした自由記述調査をもとに，生徒指導と生徒の学校適応を捉えなおす枠組みを導き出し，量的調査によって尺度を構成する。従来の研究では部分的にしか捉えてこなかった生徒指導と生徒の学校適応を広い視野で捉えるための2つの尺度を構成する。尺度を構成することにより，生徒指導と中学生の学校適応を捉える方法を提示する。この2つ目の目的は，第2部第4章で検討する。

上記2つの目的を検討し，明らかになった知見と課題をまとめ，第5章では，3つ目の目的を述べる。

3つ目の目的は，学校における教師と生徒を1つの単位とし複数の場面から生徒の学校適応と生徒指導の効果を検討することである。第2部第3章と第4章で得られた枠組みをもとに，第3部では以下の研究を行う。

第1に，学校集団の再編成過程における生徒の学校適応と，生徒の学校適応を促進する生徒指導を，学校統廃合を研究対象として検討する。これは第3部第6章で検討する。

第2に，生徒の問題行動とそれを抑制する生徒指導，3年間の学校生活における生徒の学校適応と，それを促進する生徒指導を3年間の中学校生活を研究対象として検討する。これは第3部第7章で検討する。

終章では，3章と4章で明らかになった本研究の枠組みと，その枠組みを用いて実施した6章と7章の実証的な調査結果をもとに，本研究から明らかになった中学生を捉える生徒指導を論じる。

次に，第1章から終章までの各章で検討することを具体的に説明する。

第1章では，第1節において今現在の学校が置かれている社会状況を，少子化を通して述べた。第2節では，学校に対する社会のまなざしと，子どもに対する社会のまなざしを述べ，中学校に対する社会的な関心が高くなっているこ

とを述べた。第3節では，生徒の暴力行為，いじめ，不登校や，教員の休職者数をもとに，中学校を対象とした研究を行うことの意義を述べた。

第2章では，第1節において学校集団が生徒個人に与える影響を検討する重要性を述べた。第2節では，教師の生徒指導と生徒の行動面を広く捉え直し，教師と生徒の関係を生徒指導から検討する重要性を述べた。第3節では，教師と生徒の生徒指導を学校環境の変化という環境移行から検討する重要性を述べた。複数の場面から生徒指導が生徒の学校適応に及ぼす影響を検討することが必要であった。そして第4節では，本研究における研究目的を挙げた。

第3章では，学校集団が持つ規範文化の違いによって，生徒が問題行動を引き起こす動機にどのような違いが見られるのかを〈規範文化の低い学校〉と〈規範文化の高い学校〉の2つの学校の比較から明らかにする。

第1節では，生徒個人レベルの規範意識と，学校集団レベルの規範文化の2つのうち，どちらが生徒の問題行動に対してより強く影響するのかを検討する。そして，学校集団が生徒に与える影響を検討する。

第2節ではまず，中学生が問題行動を引き起こす動機を測定する尺度を構成する。次に，問題行動に対する親和性の高い〈規範文化の低い学校〉と，問題行動に対する親和性の低い〈規範文化の高い学校〉に学校集団を分け，それぞれの学校の生徒を比べたときに，問題行動を引き起こす動機にどのような違いがあるのかを明らかにする。

第4章では，生徒指導と中学生を捉えなおし，2つの尺度を構成する。先行研究においては，問題が起きた後の事後的な指導や消極的な指導に焦点が当てられてきた。第4章では，事後的な指導や消極的な指導以外に，教師が生徒に行う生徒指導を探索的に明らかにしていく。

第1節では，ベテラン教師と，その教師から生徒指導を受けていた生徒の両者にインタビューを行う。教師は問題を繰り返し引き起こす生徒にどのような指導を行ったのか，生徒はその教師の指導をどのように受け止めていたのかを事例から探索的に検討する。

第2節では，中学校教師に対する自由記述調査から，教師は生徒のどのような態度に注目しているのか，そして生徒の態度に合わせて教師は生徒にどのように関わっているのかを明らかにする。

第3節では，第1節と第2節で導きされた枠組みをもとに，2つの尺度を構成する。1つ目の尺度は，従来よりも広く生徒指導を捉えられる，生徒に対する教師の関わり尺度である。2つ目の尺度は，生徒が学校生活に関与している様子を捉える向学校的行動尺度である。

　第5章では，第3章と第4章で明らかにされた知見と課題をもとに，第6章と第7章で検討する研究課題を述べる。それは，学校，教師，生徒の3つを切り離さず，1つの単位とし，学校における教師と生徒の関係を検討することである。第3章と第4章で明らかになった枠組みを用いて，第6章と第7章では，生徒の学校適応と，生徒の学校適応を促進する生徒指導の効果を複数の場面を通して検証する。

　第6章では，学校統廃合という学校集団の再編成が行われる環境移行にともない，生徒に生じる心理的変化を明らかにする。そして，学校集団の再編成にともなって生徒に生じる心理的負担を軽減するために，教師は生徒にどのように関わっていく必要があるのか，学校統廃合における生徒指導の効果を検討する。

　第1節では，統廃合前後を対象とした1年間の縦断調査から，学校集団の再編成にともなう中学生の心理的変化の実態を明らかにする。

　第2節では，学校統廃合という学校集団の再編成によって生じた生徒の心理的負担に対し，教師はどのように生徒と関わっていく必要があるのかを検討する。学校集団再編成過程における生徒の学校適応を促進する生徒指導の効果を，能動的な関わりと事後的な関わりの2つの生徒指導から実証的に明らかにする。

　第7章では，学校現場で問題視される問題行動と，教師側から見て肯定的に評価される向学校的行動の2つの行動指標に注目する。中学生の問題行動を抑制する生徒指導，中学生の向学校的行動を促進する生徒指導を明らかにする。そして，3年間の中学校生活における生徒指導の効果を実証的に明らかにする。

　第1節では，問題生徒と一般生徒を比較しながら，問題行動を抑制し，向学校的行動を促進する生徒指導を能動的関わりと事後的関わりの2つの生徒指導から実証的に検討する。

　第2節では，向学校的行動を促進することによって，相対的に問題行動を減少させる間接的問題行動抑制モデルを3年間の縦断調査から検討する。

終章では，「学校集団と生徒」，「教師と生徒」，「学校における教師と生徒」という3つのキーワードをもとに，本研究で明らかにされた知見をまとめる。そして，本研究で明らかになった生徒の学校適応を促す生徒指導について論じる。

第2章　先行研究の課題と本研究の目的　35

```
┌─────────────────────────────────┐
│         第1部　文献研究           │
│  第1章　教育現場で起きている      │
│         中学生の問題の実態        │
│  第2章　先行研究の課題と本研究の目的 │
└─────────────────────────────────┘
              ⇙         ⇘
┌───────────────────────────────────────────────────────────────┐
│ 第2部　学校集団の中で生じる生徒の問題行動と問題行動に対する教師の生徒指導 │
├──────────────────────────────┬────────────────────────────────┤
│ 第3章　学校集団の影響を受ける│ 第4章　中学生の学校生活と        │
│        中学生の問題行動      │        教師の関わりを捉え直す    │
├──────────────────────────────┼────────────────────────────────┤
│ 第1節　中学校の規範文化と生徒の規範意識が│第1節　生徒に対する教師の生徒指導と│
│        中学生の問題行動に及ぼす影響（研究1）│       生徒指導に対する生徒の評価（研究3）│
├──────────────────────────────┼────────────────────────────────┤
│ 第2節　規範文化の水準別にみる中学生の│第2節　教師の視点から捉え直す学校内の生徒の姿と│
│        問題行動動機と問題行動の関係（研究2）│       生徒の様子に合わせた教師の生徒指導（研究4）│
│                              ├────────────────────────────────┤
│                              │第3節　生徒に対する教師の関わり尺度と│
│ 第3節　本章のまとめ          │       向学校的行動尺度の構成（研究5）│
│                              ├────────────────────────────────┤
│                              │第4節　本章のまとめ              │
├──────────────────────────────┴────────────────────────────────┤
│              第5章　学校における教師と生徒の関係              │
│  第1節　学校，教師，生徒を1つの単位として中学生の学校適応を捉える │
│  第2節　2つの生徒指導と2つの生徒の行動から中学生を捉える      │
│  第3節　学校，教師，生徒を1つの単位とし，生徒指導の効果を様々な場面を通して捉える必要性│
└───────────────────────────────────────────────────────────────┘
                              ⇓
┌───────────────────────────────────────────────────────────────┐
│         第3部　中学校生活における教師と生徒の関わり           │
├──────────────────────────────┬────────────────────────────────┤
│ 第6章　学校集団の再編成における生徒の適応と│第7章　3年間の中学校生活における│
│        生徒の適応を促す生徒指導│       生徒の学校適応を促す生徒指導│
├──────────────────────────────┼────────────────────────────────┤
│ 第1節　学校集団の再編成とそれを経験する中学生の│第1節　問題行動を抑制する生徒指導と│
│        心理的変化―学校統廃合に注目して―（研究6）│       向学校的行動を促進する生徒指導（研究8）│
├──────────────────────────────┼────────────────────────────────┤
│ 第2節　環境移行を経験する中学生の心理的│第2節　向学校的行動を介した間接的│
│        負担を軽減する生徒指導（研究7）│       問題行動抑制モデルの検討（研究9）│
│                              ├────────────────────────────────┤
│                              │第3節　中学3年間から捉える生徒の│
│ 第3節　本章のまとめ          │       学校適応を促す生徒指導（研究10）│
│                              ├────────────────────────────────┤
│                              │第4節　本章のまとめ              │
└──────────────────────────────┴────────────────────────────────┘
              ⇘         ⇙
┌─────────────────────────────────┐
│   終章　中学校における生徒指導と生徒の学校適応 │
│  第1節　本研究で明らかにされた知見とまとめ │
│  第2節　総合考察と実践への示唆   │
│  第3節　本研究の課題と今後の研究に向けて │
└─────────────────────────────────┘
```

Fig. 2-4-1　本書の構成

第2部
学校集団の中で生じる生徒の問題行動と問題行動に対する教師の生徒指導

第3章
学校集団の影響を受ける中学生の問題行動

　これまでの問題行動に関する心理学的な研究においては個人を単位とし，個人レベルの心理指標にもとづく研究が多かった。しかし，ある特定の学校が荒れ続けるといった学校集団レベルの問題が教育現場で指摘されている。中学生の問題行動を扱う研究では，学校集団を単位とし，集団レベルから中学生の問題行動を分析する視点が必要である。

　第3章では，問題行動に対する親和性の低い学校と，問題行動に対する親和性の高い学校を対比させながら，2つの学校において生徒がどのような動機にもとづいて学校内で問題行動を引き起こしているのかを検討する。

　まず，学校集団レベルの規範文化と個人レベルの規範意識を比較し，どちらが問題行動に影響を与えるのかを検討する。そして，学校集団が生徒の問題行動に与える影響を明らかにする。

　次に，〈規範文化の低い学校〉と〈規範文化の高い学校〉の2つに分け，それぞれの学校の生徒がどのような理由で問題行動を引き起こしているのか，問題行動の動機を明らかにする。

第1節 中学校の規範文化と生徒の規範意識が中学生の問題行動に及ぼす影響（研究1）

目　的

　問題行動との親和性が低く，悪いことだと分かっていながらも，青少年が問題行動を引き起こすことが指摘されている（清永・榎本・飛世，2004；梅澤，2002）。それは，個人レベルでは規範を理解していても，集団レベルの規範文化の影響により，中学生は問題行動を引き起こす（Felson, Liska, South, & Mcnulty, 1994）ことが考えられる。つまり中学生の問題行動を研究するにあたっては，学校集団と生徒個人の両方から見ていく必要がある。しかし，これまでの問題行動や非行の研究においては，規範意識といった個人レベルの変数に焦点を当てた分析が多かった。

　第1節では，生徒個人レベルの規範意識と，学校集団レベルの規範文化に注目する。そして，規範意識の高低と規範文化の高低から構成された4つの生徒タイプごとに学校内問題行動経験を比較する。学校集団レベルの規範文化が生徒の問題行動に与える影響を検討する。

方　法

1．協力者

　首都圏に位置する公立中学校5校と，東海地方に位置する私立中学校1校で調査を実施した。およそ1,500名分の調査票を配布した。回収された1,402名分の調査票のうち，回答に不備のあった者を除く1,306名を分析対象とした。1年生384名（男子212名，女子172名），2年生467名（男子272名，女子195名），3年生455名（男子251名，女子204名）であった。

2．調査内容

問題行動経験尺度

　井上・矢島（1995）の定義と，加藤・大久保（2004）を参考に，学校内で発

生しやすい生徒の問題行動に該当する 18 項目を用いた。

「ここ 1 年間に学校内で以下のことをしたことがありますか？」という質問のもと，「まったくない（0 点）」，「1 回ある（1 点）」，「数回ある（2 点）」，「何度もある（3 点）」の 4 件法で回答を求めた。

規範意識尺度

学校内の問題行動や非行と言われるような行為についての規範意識を評価するため，加藤・大久保（2004）の規範意識尺度に質問項目の追加と修正を行い，質問項目として 10 項目を採用した。「あなたは次にあげることを悪いことだと思いますか？」という質問のもと，「まったくそう思わない（1 点）」，「あまりそう思わない（2 点）」，「ややそう思う（3 点）」，「そう思う（4 点）」の 4 件法で回答を求めた。

3．手続き

担任の先生から調査票を生徒に配布してもらい，授業時間中に調査を実施した。調査票への回答は任意であった。回答が終わった生徒には，調査票を封筒に入れ封をしてもらった。これは，個々の結果が教員の目には決して触れることのないよう配慮するためであった。封のされた調査票を教員が回収した。学校の行事などの関係から，公立中学校 1 校は 2005 年 7 月に調査を実施した。残りの 5 校は 2005 年 9 月に調査を実施した。調査時期の違いによる顕著な違いは見られなかった。

結　果

1．尺度構成

第 1 節で用いる尺度は，1）問題行動経験尺度，2）規範意識尺度，であった。まず，2 つの尺度の尺度構成を行った。

問題行動経験尺度

問題行動経験尺度，計 18 項目について探索的因子分析（主因子法，プロマックス回転，固有値の減衰状況より 3 因子解）を行った。因子負荷量 0.40 以上

Table 3-1-1 問題行動経験についての因子分析結果

	第Ⅰ因子	第Ⅱ因子	第Ⅲ因子
第Ⅰ因子「対教師的問題行動」因子　α=.81			
先生に対して反抗的な口調で話をする	.76	−.07	.04
全校集会で先生の指示に従わない	.64	.00	.03
授業が始まっても教科書やノートを取り出さない	.62	−.01	.01
先生から注意されたことに反抗する	.61	.12	.04
授業中，自分の席を立って歩き回る	.54	.06	.03
授業開始のチャイムが鳴っても着席しない	.49	.17	−.02
第Ⅱ因子「対学校的問題行動」因子　α=.79			
授業中に手紙を回す	−.13	.72	−.10
学校で禁止されている持ち物を持ってくる	.03	.70	.06
学校でアメやガムなどのおかしを食べる	.27	.55	−.10
授業中，授業と関係ない作業をする	.01	.52	.25
ブカブカにズボンを履く（例：腰履き），スカートを短くするなど，標準制服（標準服）を崩して着る	.14	.48	−.18
授業中，授業の内容とは関係のないおしゃべりをする	.07	.48	.14
第Ⅲ因子「対生徒的問題行動」因子　α=.69			
学校で他の生徒の欠点や弱点をしつこくからかう	−.06	.02	.73
学校で他の生徒が嫌がることを無理矢理やらせる	.18	−.17	.63
学校で他の生徒を仲間はずれにする	−.12	.16	.60
学校で他の生徒のモノをわざとかくす	.13	−.16	.45
因子間相関		.66	.60
			.48

を項目選択の基準とした結果，3因子16項目が抽出された（Table 3-1-1）。

　因子の解釈について，第Ⅰ因子は「先生に対して反抗的な口調で話をする」，「先生から注意されたことに反抗する」など，教師に対する直接的な反抗に関係する項目から構成されていることから，「対教師的問題行動」因子と命名した。

　第Ⅱ因子は「授業中に手紙を回す」，「学校で禁止されている持ち物を持ってくる」など，校則違反に関係する項目から構成されていることから，「対学校的問題行動」因子と命名した。

　第Ⅲ因子は「学校で他の生徒の欠点や弱点をしつこくからかう」，「学校で他の生徒が嫌がることを無理矢理やらせる」など，嫌がらせやいじめに関係する項目から構成されていることから，「対生徒的問題行動」因子と命名した。

Table 3-1-2　規範意識についての主成分分析結果

授業中におしゃべりすること	.69
髪を染めること	.68
学校に遅刻すること	.77
友達を仲間はずれにすること	.61
夜遅い時間帯に遊び回ること	.76
掃除当番をさぼること	.77
授業に出ないで他のことをすること	.74
電車やバスの中で騒ぐこと	.66
教科書やノートを忘れること	.71
他人の自転車にだまって乗ること	.62
α係数	.88
寄与率	49.40

　尺度の信頼性係数（Cronbachのα係数）を求めたところ，第Ⅰ因子は$\alpha = 0.81$，第Ⅱ因子は$\alpha = 0.79$，第Ⅲ因子は$\alpha = 0.69$であった。因子ごとに合計得点を求め，それを各因子に含まれる項目数で除したものを尺度得点とした。

　以上より，中学生の学校内における問題行動は，対教師的問題行動，対学校的問題行動，対生徒的問題行動の3つの因子から構成されていることが明らかとなった。

規範意識尺度

　規範意識尺度，計12項目について主成分分析を行い，固有値の減衰状況より一次元性が判断された。初期解における第Ⅰ主成分12項目での説明率は48.49%である。最終的に，より精度の高い項目である成分負荷量が0.60以上の10項目を採用することとした（Table 3-1-2）。尺度の信頼性係数（Cronbachのα係数）を求めたところ，$\alpha = 0.88$であった。規範意識の合計得点を求め，それを項目数で除したものを尺度得点とした。

2．生徒分類と学校分類

　まず，規範意識得点をもとに生徒を2つの群に分類した。規範意識得点の中央値（3.20）を算出した。そして，規範意識得点の中央値をもとに，生徒を規範意識低群（643名）と規範意識高群（655名）の2群に分けた。

Table 3-1-3 〈規範文化の低い学校〉と〈規範文化の高い学校〉の分類

学校 (N)	A校 (53)	B校 (292)	E校 (230)	F校 (186)	F値/(df)	多重比較
規範意識得点	2.75 (0.75)	2.92 (0.56)	3.12 (0.68)	3.24 (0.57)	15.06** (3,757)	A・B＜E・F

( ) は標準偏差　　　　　　　　　　　　　　　　　　　　　　　　　**$p<.01$

　次に，中学校を2つの群に分類した。〈規範文化の低い学校〉と〈規範文化の高い学校〉の分類に関しては以下の手順で行った。まず，規範意識得点の平均を学校ごとに算出し，6校を得点の低い順A～F（A校（$M=2.75$），B校（$M=2.92$），C校（$M=3.00$），D校（$M=3.11$），E校（$M=3.12$），F校（$M=3.24$））に並べ直した。より顕著な結果を見るため，中央に位置するC校とD校を除外し，学校（4）を独立変数とし，規範意識得点を従属変数として一元配置の分散分析を行った（Table 3-1-3）。その結果，1％水準で有意差が見られた（$F(3,757)=15.06$, $p<.01$）。多重比較（Tukey法）の結果，A，B校とE，F校との間で有意な差が見られた。得点の低い下位2校（A校，B校（計345人））を〈規範文化の低い学校〉，上位2校（E校，F校（計416人））を〈規範文化の高い学校〉と定義した。

　生徒の分類（2）と中学校の分類（2）から，規範についての4つの生徒タイプに分けられた。タイプごとの人数と規範意識得点の平均値は以下の通りであった（Table 3-1-4）。

　4つの群を独立変数とし，規範意識得点を従属変数として一要因の分散分析を行った。その結果，生徒間の主効果が有意であった（$F(3,757)=375.95$, $p<.01$）。Tukey法による多重比較の結果，1％水準で差が見られた（Table 3-1-4）。

　まず，〈規範文化の低い学校の規範意識の低い生徒〉は，〈規範文化の低い学校の規範意識の高い生徒〉よりも規範意識得点が低かった。〈規範文化の低い学校の規範意識の低い生徒〉は，〈規範文化の高い学校の規範意識の高い生徒〉よりも規範意識得点が低かった。

　〈規範文化の低い学校の規範意識の高い生徒〉は，〈規範文化の高い学校の規範意識の低い生徒〉よりも規範意識得点が高かった。〈規範文化の低い学校の

Table 3-1-4　4つの生徒タイプごとの規範意識得点の平均値

生徒タイプ	〈規範文化の低い学校〉		〈規範文化の高い学校〉		F値/(df)	多重比較
	A 規範意識の低い生徒 $N=216$	B 規範意識の高い生徒 $N=129$	C 規範意識の低い生徒 $N=172$	D 規範意識の高い生徒 $N=244$		
規範意識得点	2.57	3.45	2.58	3.59	375.95**	A<B** A<D** B>C**
	(0.49)	(0.23)	(0.52)	(0.27)	(3,757)	B<D** C<D**

（　）は標準偏差　　　　　　　　　　　　　　　　　　　　　　　　　　　　　**$p<.01$

規範意識の高い生徒〉は，〈規範文化の高い学校の規範意識の高い生徒〉よりも規範意識得点が低かった。〈規範文化の高い学校の規範意識の低い生徒〉は，〈規範文化の高い学校の規範意識の高い生徒〉よりも規範意識得点が低かった。

　規範意識が高い生徒であっても，その生徒が属する学校の規範文化の高低により，規範意識得点に違いが見られた。したがって，生徒個人レベルの規範意識だけでなく，学校集団レベルの規範文化にも注目する必要性が示唆された。

3．学校集団の規範文化と生徒個人の規範意識が中学生の問題行動に及ぼす影響

　個人レベルの規範意識と学校レベルの規範文化によって，4つのタイプの生徒を構成した。この4つの生徒タイプによって，学校内問題行動（対教師的問題行動，対学校的問題行動，対生徒的問題行動）に違いが見られるのかを検討するため，4つの生徒タイプを独立変数とし，問題行動を従属変数にした一要因の分散分析を行った（Table 3-1-5）。

　まず，対教師的問題行動において生徒タイプの主効果が有意であった（$F(3,749)=37.13, p<.01$）。Tukey法による多重比較の結果，〈規範文化の低い学校の規範意識の低い生徒〉は，〈規範文化の低い学校の規範意識の高い生徒〉よりも対教師的問題行動得点が高かった。また，〈規範文化の低い学校の規範意識の低い生徒〉は，〈規範文化の高い学校の規範意識の高い生徒〉よりも対教師的問題行動得点が高かった。

　〈規範文化の低い学校の規範意識の高い生徒〉は，〈規範文化の高い学校の規範意識の高い生徒〉よりも対教師的問題行動得点が高かった。

〈規範文化の高い学校の規範意識の低い生徒〉は，〈規範文化の低い学校の規範意識の高い生徒〉よりも対教師的問題行動得点が高かった。また，〈規範文化の高い学校の規範意識の低い生徒〉は，〈規範文化の高い学校の規範意識の高い生徒〉よりも対教師的問題行動得点が高かった。

対教師的問題行動に対する個人レベルの規範意識の影響が見られた。一方で，規範文化の影響も見られ，規範意識が高い生徒であっても，規範文化の高低の違いによって対教師的問題行動得点に違いが見られ，〈規範文化の低い学校の規範意識の高い生徒〉は，〈規範文化の高い学校の規範意識の高い生徒〉よりも対教師的問題行動得点が高かった。この結果から，規範文化の低さは，規範意識の高い生徒の対教師的問題行動を促進するように影響していることが推測された。

次に，対学校的問題行動において生徒タイプの主効果が有意であった。($F(3,737) = 45.39, p < .01$)。Tukey法による多重比較の結果，〈規範文化の低い学校の規範意識の低い生徒〉は，〈規範文化の低い学校の規範意識の高い生徒〉よりも対学校的問題行動得点が高かった。また，〈規範文化の低い学校の規範意識の低い生徒〉は，〈規範文化の高い学校の規範意識の高い生徒〉よりも対学校的問題行動得点が高かった。

〈規範文化の低い学校の規範意識の高い生徒〉は，〈規範文化の高い学校の規範意識の高い生徒〉よりも対学校的問題行動得点が高かった。

〈規範文化の高い学校の規範意識の低い生徒〉は，〈規範文化の低い学校の規範意識の高い生徒〉よりも対学校的問題行動得点が高かった。また，〈規範文化の高い学校の規範意識の低い生徒〉は，〈規範文化の高い学校の規範意識の高い生徒〉よりも対学校的問題行動得点が高かった。

対学校的問題行動においては，対教師的問題行動と同様の傾向が見られた。対学校的問題行動に対する個人レベルの規範意識の影響が見られた。一方で，規範文化の影響も見られ，規範意識が高い生徒であっても，規範文化の高低の違いによって対学校的問題行動得点に違いが見られ，〈規範文化の低い学校の規範意識の高い生徒〉は，〈規範文化の高い学校の規範意識の高い生徒〉よりも対学校的問題行動得点が高かった。この結果から，規範文化の低さは，規範意識の高い生徒の対学校的問題行動を促進するように影響していることが推測

Table 3-1-5　4つの生徒タイプごとの問題行動得点

	〈規範文化の低い学校〉		〈規範文化の高い学校〉		F値/(df)	多重比較
	A 規範意識の低い生徒	B 規範意識の高い生徒	C 規範意識の低い生徒	D 規範意識の高い生徒		
対教師的問題行動	0.90 (0.74)	0.53 (0.57)	0.79 (0.72)	0.33 (0.44)	37.13** (3,749)	A>B** A>D** B>D* C>B** C>D**
対学校的問題行動	1.56 (0.71)	1.08 (0.74)	1.46 (0.73)	0.87 (0.62)	45.39** (3,737)	A>B** A>D** B>D* C>B** C>D**
対生徒的問題行動	0.63 (0.63)	0.43 (0.51)	0.74 (0.69)	0.38 (0.51)	15.01** (3,744)	A>B* A>D** C>B** C>D**

（　）内は標準偏差　　　　　　　　　　　　　　　　　　　　$*p<.05$　$**p<.01$

された。

　最後に，対生徒的問題行動において，生徒タイプの主効果が有意であった。($F(3,744)=15.01, p<.01$)。Tukey 法による多重比較の結果，〈規範文化の低い学校の規範意識の低い生徒〉は，〈規範文化の低い学校の規範意識の高い生徒〉よりも対生徒的問題行動得点が高かった。また，〈規範文化の低い学校の規範意識の低い生徒〉は，〈規範文化の高い学校の規範意識の高い生徒〉よりも対生徒的問題行動得点が高かった。

　〈規範文化の高い学校の規範意識の低い生徒〉は，〈規範文化の低い学校の規範意識の高い生徒〉よりも対生徒的問題行動得点が高かった。また，〈規範文化の高い学校の規範意識の低い生徒〉は，〈規範文化の高い学校の規範意識の高い生徒〉よりも対生徒的問題行動得点が高かった。この結果から，対生徒的問題行動に対しては，個人レベルの規範意識が影響していることが推測された。

考　察

　本研究では，生徒個人レベルの規範意識と学校集団レベルの規範文化をもと

に，4つの生徒タイプを構成した。そして，4つの生徒タイプによって中学生の3つの問題行動の経験量にどのような違いがあるのかを検討した。

　その結果，規範意識が高い生徒であっても，その生徒が所属する学校の規範文化の高低によって，対教師的問題行動と対学校的問題行動の経験量に違いが見られた。規範意識が高く，問題行動への親和性の低い生徒であっても，学校の規範文化が低ければ，その学校の雰囲気に合わせて問題行動の経験量が高くなることが示唆された。一方で，対生徒的問題行動に対しては，個人レベルの規範意識の方が影響している可能性が示唆された。

　まず，対教師的問題行動から考察していく。〈規範文化の低い学校における規範意識の高い生徒〉の方が，〈規範文化の高い学校における規範意識の高い生徒〉よりも，対教師的問題行動が多い結果となった。規範意識の高い生徒であっても，生徒が所属する学校の規範文化の低さによって，問題行動を引き起こしていると言える。これは，生徒は悪いことだと分かっているにもかかわらず（清永・榎本・飛世，2004），学校集団の影響を受けて問題行動を引き起こしているからと言える。

　次に，対学校的問題行動について考察する。〈規範文化の低い学校における規範意識の高い生徒〉の方が，〈規範文化の高い学校における規範意識の高い生徒〉よりも，対学校的問題行動が多い結果となった。対学校的問題行動においても，生徒個人レベルで見ると規範意識が高いが，学校集団に共有された規範文化は低く，その規範文化の低さの影響を受けているからと考えられる。その結果，〈規範文化の低い学校における規範意識の高い生徒〉は〈規範文化の高い学校における規範意識の高い生徒〉よりも，校則違反のような対学校的問題行動を引き起こしやすくなっていると考えられる。これは，生徒個人レベルでは"やってはいけないこと"と規範を理解しているにもかかわらず，集団レベルの規範文化の低さに影響されて校則違反のような軽微な問題行動を引き起こしていることを裏付ける結果である。土井（2003）が指摘しているような集団に影響されることによって引き起こされる逸脱行動とも一致する結果と考えられる。

　対教師的問題行動と対学校的問題行動への対応を考えている上では，生徒個人レベルでは規範を理解しているのに，どうして問題行動を引き起こしてしま

ったのか，その動機の内容に応じた生徒指導を行う必要があるだろう。そのためには今後，規範意識の高低の水準別に，問題行動を引き起こす動機にどのような違いがあるのかを検討する研究が求められる。

　最後に，対生徒的問題行動について考察する。〈規範文化の低い学校〉と〈規範文化の高い学校〉のどちらにおいても，規範意識の低い群の方が，規範意識の高い生徒よりも，いじめや嫌がらせといった対生徒的問題行動が多いという結果となった。いじめについては，集団レベルの規範文化よりも，生徒個人レベルの規範意識の方の影響力が強いことが示唆され，仮説は支持されなかった。これは，いじめのような問題行動に対しては，いじめられている他者の視点に立つことを促すようにし，生徒個々の規範意識を高めるような生徒指導が求められると言えるだろう。

　青少年による問題行動への対策として，規範意識の醸成といった少年個々の規範意識を高める働きかけの重要性が指摘されている（坪田，2006）。しかし，生徒は，学校集団が持つ特性に合わせて問題行動を引き起こすことが考えられる。そのため，学校集団を対象とした生徒指導が求められる。

　生徒個人レベルの規範意識に着目した研究のみならず，学校集団にも焦点を当てた中学生の問題行動の研究を行う必要がある。そして，規範意識の高い生徒であっても，学校集団の特性に応じて問題行動を引き起こすときに，どのような動機で問題行動を引き起こすのかを明らかにする研究が必要である。そして，生徒個人レベルにおける生徒指導と，学校集団レベルでの生徒指導の両方から，中学生の問題行動への対応を考える必要があるだろう。

　第2節では，集団レベルの規範文化に注目し，〈規範文化の低い学校〉と〈規範文化の高い学校〉の2つのタイプの学校を比較し，中学生はどうして問題行動を引き起こしてしまうのか，その動機を明らかにする。

第2節　規範文化の水準別にみる中学生の問題行動動機と問題行動の関係（研究２）

目　的

　青少年は，悪いことだと規範を理解していても，問題行動や非行を引き起こす（清永・榎本・飛世，2004）。これは，個人レベルの規範意識よりも，集団レベルの規範文化の影響（Felson, Liska, South, & Mcnulty, 1994）を受けて，問題行動を引き起こすと考えられる。第３章第１節においても，生徒個人レベルよりも学校集団レベルの方が生徒の問題行動に影響を与える結果が得られた。規範意識が高い生徒であっても，学校集団が持つ規範文化が低い場合，学校集団の影響を受けて問題行動が増える。

　ある特定の学校が荒れ続けるといった教育現場の問題を検討するためにも，本研究では，学校を単位とした研究を行う。そして，学校集団とその学校に属する生徒を不可分なものとして考え，学校集団の中で起きている中学生の問題行動を検討していく。

　本研究では，〈規範文化の低い学校〉と〈規範文化の高い学校〉を比較し，それぞれの学校に所属する学校の生徒がどのような動機にもとづいて問題行動を引き起こすのかを明らかにする。

方　法

1．協力者
　第１節と同じ。

2．調査時期
　第１節と同じ。

3．手続き
　第１節と同じ。

結　果

1．尺度構成
問題行動動機尺度の構成

　原田（1984），総務庁（1993），鈴木・井口・高桑・小林・桶田・高橋（1994），加藤（2001）を参考に，問題行動や非行を引き起こす動機に該当する項目として33項目を用いた。「学校内でやってはいけないことや校則で禁止されていることをやるとしたら，それはどんな時だと思いますか？」という質問のもと，「まったくそう思わない（1点）」から「とてもそう思う（4点）」までの4件法で回答を求めた。

　問題行動動機尺度，計33項目について探索的因子分析（主因子法，プロマックス回転，固有値の減衰状況より3因子解）を行った。因子負荷量 .40以上を項目選択の基準とした結果，4因子22項目が抽出された（Table 3-2-1）。

　因子の解釈について，第Ⅰ因子は「イライラした気分になったらやると思う」などネガティブな感情を解消することに関係するような項目から構成されていることから，「不快感情解消動機」因子と命名した。第Ⅱ因子は「友達と一緒にいれるならやると思う」など友達に同調することに関係するような項目から構成されていることから，「友達への同調動機」因子と命名した。第Ⅲ因子は「受験に影響しないならやると思う」など教師から自分自身への評価を気にするようなことに関係するような項目から構成されていたことから，「評価懸念動機」因子と命名した。第Ⅳ因子は「おもしろそうならやると思う」など楽しさを求めるようなことに関係するような項目から構成されていることから，「楽しさ追求動機」因子と命名した。尺度の信頼性係数（Cronbachの α 係数）を求めたところ，第Ⅰ因子は $\alpha = .86$，第Ⅱ因子は $\alpha = .85$，第Ⅲ因子は $\alpha = .84$，第Ⅳ因子は $\alpha = .85$ であった。

　先行研究においては，シンナー乱用の動機（柿木，1992），暴力的な非行と動機の関連（原田，1984），非行の罪種別の動機（鈴木・井口・高桑・小林・桶田・高橋，1994）などが検討されてきた。補導された少年への取調べ過程などから得られた情報をもとに，罪種別に動機の違いが明らかにされてきた。

　本研究結果からは，一般の中学生が学校内で引き起こす動機が明らかとなり，

Table 3-2-1 問題行動動機項目についての因子分析結果

	第Ⅰ因子	第Ⅱ因子	第Ⅲ因子	第Ⅳ因子
第Ⅰ因子「不快感情解消動機」因子　α=0.86				
「イライラした気分になったら」やると思う	.87	−.01	.07	−.10
「いやなことがあったら」やると思う	.77	.07	.01	−.02
「ついカッとなったら」やると思う	.72	−.09	−.01	.02
「ストレス発散としてなら」やると思う	.60	.07	−.07	.23
「仕返しをしたくなったら」やると思う	.58	.09	−.01	.03
第Ⅱ因子「友達への同調動機」因子　α=0.85				
「友達と付き合えるなら」やると思う	.07	.81	−.08	−.00
「友達と一緒にいれるなら」やると思う	−.01	.78	.05	−.05
「友達から仲間はずれにされるなら」やると思う	.05	.68	.12	−.23
「その場の雰囲気に流されたら」やると思う	.03	.59	−.03	.22
「まわりのみんながやっていたら」やると思う	−.15	.51	.07	.25
「友達のマネをしたくなったら」やると思う	.04	.45	.07	.14
第Ⅲ因子「評価懸念動機」因子　α=0.84				
「受験に影響しないなら」やると思う	−.03	.06	.70	.05
「学校が厳しくなかったら」やると思う	−.00	−.01	.68	.05
「自分の評価が下がらないなら」やると思う	.01	.16	.66	−.10
「良い子だと思われる必要がなければ」やると思う	.15	−.05	.62	.05
「校則で禁止されていなければ」やると思う	−.08	.03	.60	.06
「親に迷惑をかけないなら」やると思う	.08	.05	.48	.14
第Ⅳ因子「楽しさ追求動機」因子　α=0.85				
「楽しそうなら」やると思う	−.09	.09	.06	.78
「おもしろそうなら」やると思う	−.07	−.01	.02	.77
「ただのひまつぶしとしてなら」やると思う	.16	−.18	.05	.67
「他にやることがなかったら」やると思う	.20	−.02	−.07	.64
「興味があったら」やると思う	−.02	.12	.13	.59
因子間相関		.51	.55	.58
			.73	.69
				.71

問題行動動機尺度は，不快感情解消動機，友達への同調動機，評価懸念動機，楽しさ追求動機の4因子構造であることが明らかとなった。

2．規範文化の分類

〈規範文化の低い学校〉と〈規範文化の高い学校〉の分類に関しては，第3章

第1節（p.44）と同様の手順で行った（Table 3-1-3）。得点の低い下位2校（A校，B校（計345人））を〈規範文化の低い学校〉，上位2校（E校，F校（計416人））を〈規範文化の高い学校〉と定義した。

3．問題行動動機が中学生の問題行動に与える影響―規範文化の水準別の比較―

問題行動動機が中学生の問題行動にどのような影響を与えているのかを検討する。問題行動動機尺度の下位尺度得点（不快感情解消動機，友達への同調動機，評価懸念動機，楽しさ追求動機）を説明変数とし，問題行動経験尺度の下位尺度得点（対教師的問題行動，対学校的問題行動，対生徒的問題行動）を目的変数とした強制投入法による重回帰分析を〈規範文化の低い学校〉と〈規範文化の高い学校〉の学校別に行った。

〈規範文化の低い学校〉では Table 3-2-2 に示す結果となった。対教師的問題行動に対しては，評価懸念動機と楽しさ追求動機から有意な正の影響が見られた。対学校的問題行動に対しては，評価懸念動機と楽しさ追求動機から正の影響が見られた。対生徒的問題行動に対しては，不快感情解消動機から正の影響が見られた。

〈規範文化の高い学校〉では，Table 3-2-3 に示す結果となった。対教師的問題行動に対しては，不快感情解消動機と楽しさ追求動機から有意な正の影響が見られた。対学校的問題行動に対しては，評価懸念動機と楽しさ追求動機から有意な正の影響が見られた。対生徒的問題行動に対しては，友達への同調動機と楽しさ追求動機から有意な正の影響が見られた。

Table 3-2-2 〈規範文化の低い学校〉における問題行動動機が問題行動に与える影響

		問題行動経験		
		対教師的問題行動	対学校的問題行動	対生徒的問題行動
問題行動動機	不快感情解消動機	.11	.01	$.27^{**}$
	友達への同調動機	$-.08$	.02	.06
	評価懸念動機	$.25^{**}$	$.40^{**}$	.12
	楽しさ追求動機	$.28^{**}$	$.16^{*}$	.07
	重決定係数（R^2）	$.25^{**}$	$.30^{**}$	$.20^{**}$

値は標準偏回帰係数　　　　　　　　　　　　　　　　　　$^{*}p<.05$，$^{**}p<.01$

Table 3-2-3 〈規範文化の高い学校〉における問題行動動機が問題行動に与える影響

		問題行動経験		
		対教師的問題行動	対学校的問題行動	対生徒的問題行動
問題行動動機	不快感情解消動機	.19**	−.08	.11
	友達への同調動機	−.12	.04	.19**
	評価懸念動機	.07	.21**	−.07
	楽しさ追求動機	.38**	.38**	.15*
	重決定係数 (R^2)	.25**	.27**	.12**

値は標準偏回帰係数 　　　　　　　　　　　　　　　　　　　　　*$p<.05$, **$p<.01$

考　察

　第2節では，中学校を〈規範文化の低い学校〉と〈規範文化の高い学校〉の2つのタイプの学校に分けた。そして，中学生の問題行動動機と問題行動の関連を〈規範文化の低い学校〉と〈規範文化の高い学校〉の比較から検討した。

　その結果，規範文化の高低によって，問題行動動機と問題行動の関連の仕方が異なっていた。特に，対教師的問題行動と対生徒的問題行動において問題行動動機と問題行動との関連の仕方が異なっていた。一方，問題行動動機と対学校的問題行動の関連においては，〈規範文化の低い学校〉と〈規範文化の高い学校〉で共通した結果が見られた。同じ問題行動を引き起こしていたとしても，規範文化の水準によって問題行動を引き起こす動機は異なることがあるため，学校の特徴をふまえて教師が生徒指導を行う必要性が示唆された。

　以下では，規範文化別に問題行動と問題行動動機の関係について考察する。

〈規範文化の低い学校〉と〈規範文化の高い学校〉の比較

　まず，不快感情解消動機を見ていく。〈規範文化の低い学校〉では，不快感情解消動機は，対生徒的問題行動と関連していた。一方，〈規範文化の高い学校〉では，不快感情解消動機は，対教師的問題行動と関連していた。これは，中学校という環境が中学生のストレスを高めるものでもあるためと考えられる。中学校におけるストレッサーは，教師との関係，友人関係，部活動，学業，規則，委員会活動などがあり，これらによってストレス反応が生じる（岡安・嶋田・

丹羽・森・矢冨，1992）。〈規範文化の低い学校〉も〈規範文化の高い学校〉も，学校生活を送ることは中学生にとってストレスを伴うものと考えられる。非行前より非行後の方が，ストレスが低下する（藤野，1996）。学校内で感じるストレスを，問題行動を通して解消している場合もあると考えられる。その際，〈規範文化の低い学校〉の生徒は，不快感情解消動機を生徒に向け，〈規範文化の高い学校〉の生徒は，不快感情解消動機を教師に向けていた。落合・佐藤（1996）によると中学生は，周囲に合わせるような友人関係になりやすく，友人からの批判には過敏に反応する。集団による非行が生じる原因として，仲間との関係が一時的にでも揺らぐことやその場の空気がしらけるのを恐れる友人関係（土井，2003）が指摘されている。〈規範文化の低い学校〉には，その場の空気がしらけるのを恐れる友人関係があり，生徒間の輪から逸脱することに対して許容的ではないため，不快感情解消動機が生徒に向けられると考えられる。一方，〈規範文化の高い学校〉では，生徒による問題が少なく，生徒と教師の間に良好な関係が築かれていると推測される。教師に対する生徒の信頼が高いほど，教師が生徒の期待に沿わない指導をしたときに，生徒はストレスを感じることになる。また，〈規範文化の高い学校〉の生徒は，"教師は特定の生徒をひいきするべきではない"，"どの生徒に対しても教師は一貫した基準で生徒指導を行うべきだ"といった，教師の生徒に対する関わり方に関する規範について高い意識を持っていると推測される。規範意識の高さは，規範からの逸脱者に対する攻撃的反応と結びつく（金子，2007）。〈規範文化の高い学校〉においては，教師が生徒の期待を裏切るような場合は，生徒から教師に対して不満やイライラといった攻撃性が向けられる。そのため〈規範文化の高い学校〉では，不快感情解消動機が教師に向けられると考えられる。

　次に，友達への同調動機を見ていく。〈規範文化の高い学校〉では，友達への同調動機は，対生徒的問題行動と関連していた。〈規範文化の高い学校〉の生徒は，同調的な動機によって自身の行動を正当化し，対生徒的問題行動を引き起こしていると考えられる。いじめの4層構造（森田・清永，1986）では，直接的にはいじめに加わらないものの，いじめをはやしたてる観衆が存在する。同調的な動機にもとづいて対生徒的問題行動を引き起こす〈規範文化の高い学校〉の生徒は，観衆に近い存在として考えられる。学級の荒れには，問題行動

をする問題生徒だけでなく，問題行動をしない一般生徒の意識が関連している（加藤・大久保，2006b）。〈規範文化の高い学校〉には，普段は問題行動をしていないが，他者に同調して問題行動を引き起こす一般生徒がいると考えられるため，主犯格の生徒以外の生徒も含めた学級や学年といった集団レベルへの生徒指導も必要であろう。

　次に，評価懸念動機を見ていく。〈規範文化の低い学校〉では，評価懸念動機と対教師的問題行動，評価懸念動機と対学校的問題行動が関連していた。一方，〈規範文化の高い学校〉では，評価懸念動機と対学校的問題行動が関連していた。〈規範文化の低い学校〉では，教師に対する問題行動や校則違反のような問題行動の両方が評価懸念動機にもとづいて引き起こされていることが明らかとなった。〈規範文化の低い学校〉は，問題行動への親和性が高いと考えられるため，毅然とした指導（山本，2007）で対応していく必要があるだろう。〈規範文化の高い学校〉では，校則違反のような問題行動においてのみ評価懸念動機の影響が見られた。これは青年期の一時期にのみ逸脱行動に関与し，成人期にさしかかると非行や犯罪から離れていく一過性の発達現象（Moffitt, 1993）として考えられる。〈規範文化の高い学校〉の生徒は，第二次反抗期と言われる発達的な特徴から，教師や学校の枠から逸脱する問題行動を引き起こしたいと思っている。しかし，〈規範文化の低い学校〉と違うのは，〈規範文化の高い学校〉の生徒は，教師の様子を窺いながら，どこまでなら許され，どこからは教師に注意されるのか，その境界を探りながら問題行動を引き起こしていると考えられる。

　次に，楽しさ追求動機を見ていく。〈規範文化の低い学校〉では，楽しさ追求動機と対教師的問題行動，楽しさ追求動機と対学校的問題行動が関連していた。一方，〈規範文化の高い学校〉では，楽しさ追求動機は，対教師的問題行動，対学校的問題行動，対生徒的問題行動の3つすべての問題行動と関連していた。これは，退屈を感じた青少年が，ゲーム感覚や快楽を求めて非行を行っているという指摘（石毛・糟谷，1987）と一致する。〈規範文化の低い学校〉と〈規範文化の高い学校〉において，教師の視点から見れば問題視される行動であっても，生徒個人や生徒集団にとって問題行動は，楽しみを見出せる適応的な行動（國吉，1997）となっている場合があると考えられる。めぐまれない家庭環境

のような少年個人ではコントロールできないところに非行の原因を置くのが受動的非行少年観，少年なりの判断にもとづき，なんらかの目標達成のために非行を起こしていると考えるのが能動的非行少年観（西村，1991）である。〈規範文化の低い学校〉と〈規範文化の高い学校〉の生徒は，楽しさを追い求めるといった生徒の判断にもとづいて能動的に問題行動を引き起こしているのだと推測される。成育歴や家庭環境といった学校外の要因に翻弄されず，学校の中で起きている問題行動として学校内で教師が生徒に対応できる生徒指導を行う必要があるだろう。楽しさを得るために能動的に問題行動を引き起こす中学生に「悪いことだからやってはいけない」，「規範意識を高めよう」と指導しても限界があると考えられる。むしろ中学生が，問題行動以外の手段で楽しさを得られないのはなぜなのかを，教師や親などのまわりの大人が考えていく必要があるだろう。

学校が持つ規範文化によって，生徒が問題行動を引き起こすときの動機は異なることから，学校集団が生徒に与える影響が推測される。学校集団の中にいる生徒として，学校集団の変化に応じて環境に合わせて学校生活を送る生徒として，中学生を対象とした心理学的研究を行う必要があるだろう。

第3節　本章のまとめ

第3章では，以下の結論が得られた。

（1）　問題行動経験尺度は，対教師的問題行動，対学校的問題行動，対生徒的問題行動の3つの側面から構成されている。
（2）　問題行動動機尺度は，不快感情解消動機，友達への同調動機，評価懸念動機，楽しさ追求動機の4つの側面から構成されている。
（3）　規範意識の高い生徒であっても，その生徒が所属する学校の規範文化が低ければ，学校の雰囲気に合わせて問題行動が増える。つまり，生徒個人の要因だけでなく，学校集団の要因によって中学生の問題行動が引き起こされている。
（4）　学校を単位とし分析した結果，〈規範文化の低い学校〉と〈規範文化

の高い学校〉では，生徒によって引き起こされる問題行動の動機に違いが見られた。

研究課題として，以下の2点が明らかになった。

（3）から，学校集団が生徒に与える影響を検討した。しかし，横断的な調査から検討されているため，学校集団と生徒の相互作用は捉えきれていない。学校集団の再編成過程のような場面を縦断的な調査によって捉え，学校集団が生徒に与える影響を明らかにする必要がある。

（4）から，生徒が所属する学校の規範文化の高低に合わせて，問題行動を引き起こす動機が異なっていた。生徒が所属する学校の特徴に応じて動機を変えて，生徒は問題行動を引き起こしていると推測される。しかし，様々な動機によって引き起こされる生徒の問題行動を，どのようにして抑制するのかは検討できていない。様々な動機によって学校内で引き起こされる生徒の問題行動を抑制するために，教師はどのように生徒と関わっていくことが効果的なのかを，教師の生徒指導を通して明らかにする必要がある。

第4章
中学生の学校生活と教師の関わりを捉え直す

　教師と生徒の良好な関係は生徒の問題行動を抑制する（斉藤，2002）。教師と生徒間の関係性が重要なのである（近藤，1994）。非行予防プログラム（Gottfredson & Gottfredson, 2002；森下，2004）などもあるが，時間的に余裕のない学校現場において，予防プログラムを実施することは現実的な対応とは言えない。生徒の問題行動への対応として，学校内でどのような取り組みを日常の中で行うのが効果的なのかを明らかにする必要がある。

　問題行動や非行に関する研究で扱われてきた生徒指導は，事後的指導や消極的指導といったものが多かった。これらの生徒指導は，生徒によって問題が引き起こされた後の対処療法的な対応であったり，生徒が教師に助けを求めたりするときに行われる事後的な対応である。従来の研究では，事後的指導や消極的指導を通して生徒の問題に焦点を当ててきた。

　しかし，教師は生徒に対し，事後的で消極的な対応のみをとっているわけではない。意欲的に学校生活を送っている生徒に声をかけ，生徒とたわいもない会話をすることで，教師は生徒と日々関わっている。事後的指導以外に，教師はどのように生徒と関わっているのかを明らかにすることも重要である。

　そこで，どのような生徒の様子に注目しながら，教師は事後的指導以外の関わり方をしているのかを明らかにする。

　まず，公立中学校で生活指導主任をしていた教師と，その教師に生徒指導を

受けていた生徒に対するインタビュー調査をもとに，教師の生徒指導と，その生徒指導に対する生徒の評価を明らかにする。

次に，教師を対象とした自由記述調査をもとに，教師が注目する生徒の様子と，教師の生徒に対する関わり方を具体的に明らかにする。

そして，教師の生徒に対する関わりを捉える尺度と，問題場面以外の生徒の様子を捉える尺度を構成する。

第1節　生徒に対する教師の生徒指導と生徒指導に対する生徒の評価（研究3）

目　的

中学校内で繰り返される問題行動や学校の荒れには，生徒と教師の関係や生徒指導のあり方が影響すると言われている（加藤・大久保，2005b；加藤・大久保，2006a）。その他にも，生徒による非行や問題行動を抑制する要因としては，教師への愛着が指摘されている（斉藤，2002）。スクールカウンセラーによる実践においても，非行傾向生徒と担任との関係改善から学校への不満を軽減する支援が行われている（竹田，2005）。これらの先行研究から，中学生の問題行動を収束させるにあたっては，教師が中心的な役割を担う必要性が示唆されるだろう。

これまでの問題行動や非行に関する研究で扱われてきた生徒指導は，生徒の問題に対応する事後的な指導や消極的な指導といったものが多かった。しかし，教師は問題が起きた後に事後的に生徒と関わっているだけではない。本研究では，生徒指導を行う教師と，指導される生徒という二者間に焦点を当て，教師は生徒とどのような関わり方をし，生徒は教師の関わりをどのように評価するのかを事例から検討する。

方　法

対象者の選定と質問内容

〈教師〉　対象者は，調査時において勤続年数23年の男性教員1名（以下

H先生とする）であった。東京都内A区において2校，B区において1校，C市において1校，中学校での勤務経験があった。現在は，再びA区の中学校に勤務している。H先生を対象者とした理由は，生活指導主任として荒れていたQ中学校の立て直し[1]に携わっており，Q中学校が荒れていた状態から落ち着くまでの3年間，Q中学校に勤務していたからである。学校が落ち着くまでの過程において，様々な生徒との関わりを持ってきたと考えられる。2007年8月7日に，H先生が当時勤務していたX中学校の職員室で面接を行い，その記録をICレコーダーに記録した。面接実施時間は，3時間半程度であった。

質問内容　半構造化面接により，大きく2つのことを質問した。1つ目はH先生が受け持っていた学年で問題生徒とされていたKの3年間の様子についてであった。2つ目はH先生が勤務してから転勤するまでの3年間におけるQ中学校全体の変化や，生徒の問題行動の変化であった。

〈**生徒**〉　対象者は，調査実施時に高等専修学校に通う男子高校生1名（以下Kとする）を対象とした。年齢は調査開始時点で16歳であった。Kを対象者とした理由は以下の2つである。1つ目は，Kは中学3年間，学校内で問題行動を繰り返しており，教員からは問題行動の多い生徒として認識されていたからである。特に，生活指導主任であったH先生からは頻繁に指導を受けていた。2つ目は，司法的な処遇の対象とはならない学校内の中学生による問題行動を検討できると考えられるからである。なぜならば，Kの生育環境や現在のKの状況をふまえると，Moffitt（1993）が指摘する青年期のみに逸脱行動に関与し，成人期にさしかかるにつれて非行や問題行動から離れていくタイプと推測されるからである。鑑別所や少年院に収容された経験のある生徒ではなく，一般の中学生の問題行動を検討するため，本研究ではKを対象者とする。2007年3月13日と7月19日の2回，面接を行った。Kに対する2回のインタビューは喫茶店にて行われ，ICレコーダーに記録した。面接実施時間は，1回目は2時間半程度，2回目は1時間半程度であった。

1　私服で学校に来ている生徒がいたり，授業を抜け出して学校外で買い食いしている生徒もいたようである。また，他校の生徒が集団でQ中に来るなど，生徒間のトラブルも何度かあったようである。

Table 4-1-1 Kが引き起こした3年間の主な問題行動

開始時期	中学1年 →	中学2年 →	中学3年
1学期			
2学期	担任への暴力	自転車どろぼう（占有離脱物横領）	同級生への暴力
3学期	学校での喫煙	担任にツバをはく 先輩に呼び出されて殴られる	
1〜3学期 学期不明	校内の廊下にツバをはく 授業のサボり →	職員室から校内のカギを盗む	校外へ抜け出すなどの授業のサボり 放送室での個別指導中に暴れる（ロッカーをこわす，ガラスを割る）

　中学3年間の中で，Kが自分自身で印象に残っている問題行動として語ったものを Table 4-1-1 にまとめた。対教師暴力，対生徒暴力，器物破損，喫煙，占有離脱物横領などが見られることから，学校内外において問題を引き起こしていた生徒であることが分かる。

　質問内容　大きく2つのことを質問した。1つ目は中学時代に実際に経験した問題行動についてであった。2つ目は中学時代に経験した問題行動を現在はどのように意味づけているかであった。

　教師と生徒の面接における手続き　インタビュアーは筆者自身であった。インタビューはICレコーダーに記録したが，その記録内容は研究として公表することをH先生に事前に説明し，許可を得てインタビューを行った。Kは未成年であることから，調査依頼はKとその保護者に行い，調査実施についての同意を両者から得た。

結　果

1．分析1　教師が語る生徒指導と問題行動の多い生徒の様子

　H先生がQ中学校に勤務した3年間に，H先生が受け持っていた学年で問題を継続して引き起こしていたKの様子やKに対する評価，Kへの指導に関して語っていたものを以下に抜き出した。

　｜　｜は分かりやすくするために筆者が補足説明したもの，（　）内は筆者の発話，hhhhは笑いを表している。

生徒が学校内の活動に取り組めていることへの教師の着目

　以下に示した〔epi. 1-1〕と〔epi. 1-2〕は，学校行事に取り組めていたKの様子についてH先生が語ったエピソードである。

〔epi. 1-1〕

> 体育祭にしてもそうだし，合唱コンクールにしても，クラスでなんかやるって言ったときに，修学旅行もそうだし，まあ外れないっていうか。協力してやる。まわりの友達の言うことは，まわりの先生方の言うことよりも，よく聞くからね。それは助けられたね。あの，3年のクラスのメンバーは。上手だったかな。うん，そこらへんは。それでずいぶん，助かってた部分があるんじゃない？　Kの方にも。よくまとまってたと思いますよ。クラスの子とは。

　〔epi. 1-1〕では，「クラスではなんかやるって言ったときに，修学旅行もそうだし，まあ外れないっていうか。協力してやる」とあるように，問題行動を繰り返しているKであっても，学校内の行事には取り組めていたことが語られている。また，「まわりの友達の言うことは，まわりの先生方の言うことよりも，よく聞くからね」とクラスメイトの意見には耳を傾けられていたことが語られている。

〔epi. 1-2〕

> 子どもたちが賢かった。自分の学年の｛生徒｝。うん，それはあったね。なんかやるってなると協力して，だから，Kなんかもそうゆう女だろうが男だろうが，友達の意見っていうかね，なんかクラスでやるっていったときには，一番よく聞いてたよね。うん。それは生徒が賢かったよね。うん。他の学年よりかは。勉強もできたけども，そうゆうようなところっていうのは，はずさないっていうか，協力するっていうか。（生徒間のつながり？）うん，｛生徒間のつながり｝がよかったんじゃないかな。で，Kもその中で一応，浮かずにこれたんじゃないかなって。うん。気がするけどね。ずいぶん，3年のときなんかも助けられてるからね。（Kがですか？）Kもそうだし，僕なんかもそうだけど，｛クラスの｝他のメンバーに。やっぱり全員でなんぼっていう，そうゆうときは，｛Kは｝言うこと聞くんだよ，私が言うことよりも。素直だよ。hhhh。友達の中では。

　〔epi. 1-2〕では，「Kなんかもそうゆう女だろうか男だろうが，友達の意見っていうかね，なんかクラスでやるっていったときには，一番よく聞いてたよ

ね」と,友達の意見を聞く力を持っていたことが再度,語られている。そして,「Kもその中で一応,浮かずにこれたんじゃないかなって」とクラスから大きく外れることなく,学校行事に参加できていたことが語られている。

さらに,「やっぱり全員でなんぼっていう,そうゆうときは,〔Kは〕言うこと聞くんだよ,私が言うことよりも。素直だよ。hhhh。友達の中では」とあるように,友達に対して見せる素直さが学校行事への取り組みへとつながっているように語られている。

生徒の能力に対する肯定的な評価

以下に示した〔epi. 1-3〕,〔epi. 1-4〕,〔epi. 1-5〕は,運動面や学習面などKの能力についてH先生が肯定的に評価するような語りがみられたエピソードである。

〔epi. 1-3〕

> やりぉね,できない子じゃないのに。(運動はそうですよね,運動神経はよいですよね?) うんうん,運動神経もそうだけど,字とか書くのもきれいじゃない? 意外と。(ああそうなんですか? 字は見たことないですね) 乱暴に書いてるけども,きちっとあれ,そんなに汚い字じゃないよ。うん,だからね,勉強もちゃんとやってればね。(ああそうなんですか?) うん,バカじゃないと思った。うん,できるよ。(やれば?) やれば。そこは本人が気づいていないと思うけどね。hhhh。「どうせおれはいいんだー」とか。何度同じこと言ったかわかんねぇ。hhhh。まだあそこまでね,こう差が開いちゃうとね,仕方がない部分もあるんだろうけどね。うん。

〔epi. 1-4〕

> いろんな部分での能力っていうのは,みんなと同じようにできていれば,もっと伸びていたと思うよ。うん。でも,やっぱ一番その中でも,あの技術とか美術とか,そうゆう体育。音楽を除いた実技系統のはできるんじゃない? うん。あのみんなが想像しているよりも。僕は体育だから,なんていうのかさ,運動面はちゃんとやれば普通よりも上だなっていうのは。美術とか技術でも,そうゆう話は聞いたことないから,そっち方面も器用なんじゃない? だから,思ってるよりも器用だと思うよ。みんなが思ってるよりも。うん。できるはず。うん。まちがいないと思うんだけれども。

第4章　中学生の学校生活と教師の関わりを捉え直す　65

〔epi. 1-5〕

> 技術とか美術とかでは，あまりそういう{問題を起こしていない}。だから，好きなんじゃないかな。比較的。器用だと思うよ。うん。それは間違いないと思うんだけど。みんなが思ってるよりかはね。ただ，本人にはコンプレックスがあるから，「おれはできなくていいんだ〜」みたいな，なんでも。<u>でも，ちゃんとやればね，そういう部分も，たぶん，秀でてるんじゃないのかなと思うけど。技術と美術はそう思うけどね。運動面は，スピードとバネとか反射神経とかはさ，良いんだよ。持って生まれたものっていうかね</u>。それは本人が努力してとかじゃなくて。そういうのって目立つじゃないですか，比較的。そのへんは秀でてると思いますよ。だから，球技センスなんかも悪くないんじゃないかな。ソフトテニスやってるくらいだから。<u>一番秀でてるって言ったら，運動面だよね。それを書いたんだよ，調査書に</u>。

　〔epi. 1-3〕，〔epi. 1-4〕，〔epi. 1-5〕では，H先生は体育を担当していたことから，Kの運動面の能力について肯定的に評価していた。それだけでなく，H先生はKの字の丁寧さについても注意を向けていた。「みんなと同じようにできていれば，もっと伸びていたと思うよ」と，学習面全般についても評価している。Kの問題部分やできないことだけではなく，Kができるところに着目し，それを評価しようとするH先生の関わり方が示唆された。

問題行動を引き起こした後の生徒の様子についての着目や生徒への対応

　以下に示した〔epi. 1-6〕，〔epi. 1-7〕，〔epi. 1-8〕，は，Kの教師に対する暴言について語られていたエピソードである。H先生がその暴言をどのようにとらえていたのかが語られていたエピソードである。

〔epi. 1-6〕

> まああと暴言ね，心にもない。「うるせえハゲ，じじい」とかね。「チビ」とかね。（チビ？）小さい先生がいたんですよ。hhhh。まあ，心にもない暴言をはくというのかな。hhhh。うん，やっぱりあそこまではないんじゃないかな。どうしてそうコントロールがきかないんだろうって思ってたけどね。あれを真に受けると怒るわな，ほかの先生方わな。うん。やっぱり初めて来た先生なんかは，「なんだその態度は！」「言葉遣いは！」っていうのはなると思いますよ。言うんだ，そういう先生は，デカい声で。

〔epi. 1-7〕

(暴言なんかは，H先生としてはどういう意識で対応したんですか？ Kからの暴言なんかは。)ああまたか。ただそれは周りも聞いているし，自分も損することだから，でも心にもないこと言うわけよ。はっきり言うと本気じゃないっていうかさ。うん。言っちゃうんだよね。うん。こう，自分の気分が悪かったりとか，自分の機嫌が悪いときだとか，なんかあったときだとかにね，こう。だから，また出たなぁとか思って。まあ，大人になっていけば，減っていくんだろうなぁとは思っているけれども，うん。家でもそういうようにね，おかあちゃんとかに言ってたのならば，言ってるんだろうなぁとは思ったけども，これはたまったもんじゃないなぁって。でも，ほとんど本気じゃないよね。本気じゃないっていうか，心にもない自分が本当に思っているようなことではないよね，うん。そこまでは思ってると，本気でそういうふうに言ってると思ってなかったから，うん。(それはなんでですか？)えっ，だってそういうふうに言ったって，最終的にはなんていうの，やることやるっていうか，言うこと聞くっていうか。うん。戻ってくるでしょ？ 暴言はいて，それでおしまいなわけよ，うん。そのあとなんか，暴力的な行動に出るとかそうゆうことはなかったから。

〔epi. 1-6〕，〔epi. 1-7〕では，Kの暴言に対するH先生の見方が示されている。「まあ，心にもない暴言をはくというのかな」，「最終的にはなんていうの，やることやるっていうか言うこと聞くっていうか」とある。Kが教師に対して暴言を吐くなど反抗的な態度を示しても，最終的には教師から言われたことに従う部分のある生徒としてKを捉えていた。

〔epi. 1-8〕

同じ注意するにしても敵視しちゃだめなんだよね。(Kのことを？)うん。と思うよ。基本はそこだと思うんだよね。一番怒鳴ったのは，うるさかったのは僕だと思いますけどね。うん。たぶん。うん。立場上間違いなく僕だと思うんだけれども，でもそういう敵視した指導だとか，ムカついた指導とかはしなかったから。うん。それは，感情を出したときもあったよ。このやろうみたいな。hhhh。あるけれども，そういうなんていうのかな，本当にこいつはダメだなと思ってはいなかったね。うん。なんでちゃんとやんねえんだよバカ，みたいなことは思ってたけども，うん。

〔epi. 1-8〕では，「一番怒鳴ったのは，うるさかったのは僕だと思いますけどね。うん。たぶん。うん。立場上間違いなく僕だと思うんだけれども，でもそうゆう敵視した指導だとか，ムカついた指導とかはしなかったから」とあるよ

第4章　中学生の学校生活と教師の関わりを捉え直す　67

うに，諦めることなく，Kに対して一貫した指導を行っていたことが語られている。

生徒の問題行動や荒れに対する方針

以下に示した〔epi. 1-9〕と〔epi. 1-10〕は，学校の立て直しにあたり，H先生の指導の方向性が語られていたエピソードである。

〔epi. 1-9〕

> あんまり大幅に｛学校を｝変えるつもりはなかったんだけれども，当たり前のことを当たり前にしていこうぜみたいな感じ。何かをチェンジするんじゃなくて，当たり前のことを当たり前にできてなくて，好き勝手にやってたから。だから，これからの先生方のほうが，やりやすいかな。気はしますけど。うん。よくなる学校の1つじゃないですか。うん。あれ｛Q中に｝ずっといたら，やっぱり今までの流れを知ってる先生ならば断ち切れなかったと思う。

〔epi. 1-10〕

> （それは，学校が良くなってからそれを維持するのっていうのは，何かコツみたいなものってあるんですか？）だから，改善していくことだよね。例年通りでいいんだけども，ちょっとずつ。大きく変えることはないけども。ちょっと変化させるっていう。マンネリ化しないように。（どんなことを変えるんですか？）うん？　例えば，今年は重点ポイントで，時間を守ることに置いて行こうだとか，全体を。だから，上履きと外履きをきちんと区別させようだとか。でも次の｛重点ポイントは｝あれは時間かなぁと思ってたんだけどもね。（最初は標準服から入ったんですか？）本当は時間から入りたかったんだけども，形としてはね。まあでも，これではあまりにも私服はぜったいゆるさんぜみたいな，hhhh，標準服があるんだから。ってことかなぁ。

〔epi. 1-9〕では，荒れている学校の立て直しにとって大まかな方針が語られている。「あんまり大幅に｛学校を｝変えるつもりはなかったんだけれども，当たり前のことを当たり前にしていこうぜみたいな感じ」とある。学校の立て直しにあたっては，特別な対策を実施するのではなく，中学生として学校内で取り組んで当たり前のことを，教師が生徒に徹底させることが必要であると語られていた。〔epi. 1-10〕では，雰囲気の良くなった学校を維持するために，どのような取り組みが必要なのかが語られている。「改善していくことだよね。例

年通りでいいんだけども,ちょっとずつ。大きく変えることはないけども」と,学校内で生徒に取り組ませる課題を少しずつ変えながら,学校を運営していく必要性が語られている。そして,具体的な課題としては,「重点ポイントで,時間を守ることに置いて行こうだとか」,「上履きと外履きをきちんと区別させようとか」のように,教師として生徒に取り組ませたいと考えている行動が語られている。教師は,生徒の問題行動を減らそうと考えているというよりも,学校内で生徒に取り組ませたい目標を設定し,その目標を生徒に達成させることによって学校の良い雰囲気を維持しようと考えていることが推測される。

〈結果の整理〉

ここまでのH先生によって語られたエピソードをまとめる。

エピソード〔epi. 1-1〕〜〔epi. 1-2〕では,問題生徒Kが学校内の行事に取り組めるときにH先生が着目していたことが示唆された。

エピソード〔epi. 1-3〕〜〔epi. 1-5〕では,運動面と学習面,両方において,Kの能力をH先生は肯定的に評価していたことが語られていた。

エピソード〔epi. 1-6〕〜〔epi. 1-8〕では,Kが問題を起こしても,最終的には教師の指示に従える生徒として評価しており,敵視しない生徒指導が語られている。

エピソード〔epi. 1-9〕〜〔epi. 1-10〕では,生徒の問題行動や学校の荒れへの対応としては,特別なことに取り組むのではなく,"時間を守る","標準服を着用する"といったような教師として中学生として当たり前のことができるように指導を行うことが必要であると語られていた。

こういったH先生の生徒指導を,中学生だったKはどのように受け取っていたのだろうか。分析2では,3年間,H先生に指導されてきたKの語りについて検討し,生徒指導をどのように意味づけているのかを検討する。

2.分析2 中学校教師の生徒指導に対する生徒の評価

中学3年間の中で,KがH先生との関わりについて語ったものを以下に抜き出した。

教師の生徒指導に対する肯定的な評価

以下に示した〔epi. 2-1〕は，Kの服装面に対して，H先生が行った指導をKが肯定的に評価して語ったエピソードを示した。

〔epi. 2-1〕

> ちょ〜スソ長かったじゃん？（ああ）ズボンとか。（ダルダルだった）あれでも｛他の先生には｝何も言われない。（制服じゃなくって，スウェットのズボンあるよね？あそこまではあれかな？　さすがに。）あれでもね，Hにね，「なんだそれは？」って言われただけだよ。その後もね，別に普通だった。（H先生は？）他の先生は，言ったら反抗するから，みんな言わないもん。めんどくさいから，たぶん。（H先生ぐらい？）うん。ウザいから。服装でどうこう言われるの，めんどくさいじゃん？　やっぱ。だから，そこで言われたらとことん反抗してやろうと思って。（H先生には反抗しないんだ？）反抗するときはする。あいつはね，おれのこと見捨てなかったんだ。（いくら反抗しても？）いくら裏切ってもね。見捨てなかった。（裏切ったの？）何回もね。（何で裏切ったの？）だから，「しっかり授業受けろよ」って言われて，「わかった」って言うんだけど，一回も受けてないから。（ああ）何回もそれで怒られてるし。

〔epi. 2-1〕では，学校で指定された標準服を着用しないKに対して，H先生が行っていた指導が語られていた。「他の先生は言ったら反抗するから，みんな言わないもん。めんどくさいから，たぶん」とあるように他の先生方について語るのに対し，H先生は，「あいつはね，おれのこと見捨てなかったんだ。（中略）いくら裏切ってもね」と肯定的に意味づけていることが分かる。

教師に対する両価的な意味づけ

以下に示した〔epi. 2-2〕は，Kに対して，H先生が行った指導と，B先生が行った指導を対比させながら語っているエピソードである。

〔epi. 2-2〕

> Hはウザいけど，（ウザいけどhhhh）親も言ってるけど，だから，おれのこと分かってくれてたのね。おれの生活とかも。ウザいんだけど，いいときもあるから，だからおれは，（hhhh），だからおれはあいつのこと好きだよ。（中略）なんか〜，Hとかはまじめだけど，だけどおチャラけるところもあって。（おチャラける部分？）Hとかは，言うときは言うの，Hも。でも，普段はいいやつなの。Bは，おれだからかもしんな

いけど、あいつが言うことすべてウザかったの。

　〔epi. 2-2〕でKは、「Hはウザいけど、いいときもあるから」と否定的な面と肯定的な面の両方を語っていた。また、「Hとか言うときは言うの、Hも。でも、普段はいいやつなの」と、Kに対して指導するときと、指導以外の場面のH先生の態度が異なるものとして語られていた。

　このように、KはH先生による生徒指導を、「ウザいけど」と否定的に語る一方、「普段はいいやつなの」と肯定的に語っていた。また、H先生と対比させ、B先生は「すべてがウザかった」と語られていた。

生徒によって肯定的に振り返られた教師の関わり方

　以下に示した〔epi. 2-3〕、〔epi. 2-4〕は、Kに対して、H先生が行った指導と、Y先生が行った指導を対比させながら語っているエピソードである。

〔epi. 2-3〕

> あいつ{H先生}は、いいよ。なんかね、Yとかってね、ネチネチしてるわけよ。なんか終わった後も言うわけよ。（説教おわったあとに？）あのときは、どうだったとか、みたいな感じで。あいつの説教はないんだけど。
> 受けなかったから、一回も。言われても、バックレたけど。でも、Hは、怒るときは怒るのね。でも、終わった後、（うん）、終わったあとは、さっぱりしてんの。

〔epi. 2-4〕

> どんなだろ、H、なんていうの、人がいい、H、なんかね、わかんない。だけど、あの人は良い人なんだよ。（良い人か。でも、怒るんだよね。怒るけど、良い人なんだ。）怒るときは怒って、怒らないときは怒らないの。怒らないというか、なんつうの、遊ぶところは遊ぶみたいな。そんな感じなの。だから、メリハリがついてるから。

　〔epi. 2-3〕では、Y先生を登場させ、H先生と対比させることでH先生の特徴をKは語っていた。ここでKは、「Yとかってね、ネチネチしてるわけよ。なんか終わった後も言うわけよ。あのときは、どうだったとか、みたいな感じで」とY先生がKに対して常に指導的な態度で接していたことが語られた。

一方，H先生に対しては「怒るときは怒るのね。でも，終わった後，（うん），終わったあとは，さっぱりしてんの。」とあるように，Kが問題行動を引き起こした問題時にある場合と，Kが問題行動を引き起こしていない非問題時にある場合とで，H先生はKへの接し方を明確に区別していたことが分かる。そして，〔epi. 2-4〕に「怒るときは怒って，怒らないときは怒らないの。怒らないというか，なんつうの，遊ぶところは遊ぶみたいな。そんな感じなの。だから，メリハリがついてるから」あるように，Kの様子に合わせて関わり方に変化をつけるH先生の関わりが，KがH先生を肯定的に評価している理由であることが推測される。

〈結果の整理〉

ここまでKによって語られたエピソードについてまとめる。

エピソード〔epi. 2-1〕では，Kは，何度も指導するH先生を，自分を見捨てなかったと肯定的に意味づけていた。エピソード〔epi. 2-2〕では，H先生を否定的な面と肯定的な面の両側面から意味づけていた。エピソード〔epi. 2-3〕と〔epi. 2-4〕では，他の先生との比較から，H先生は，Kが問題時にある場合とKが非問題時にある場合とでは，Kに対する関わり方を明確に区別して関わっていたことが示唆された。他方で，Kに対して常に指導的な態度であったY先生には，Kは否定的な評価をしていた。

考　察

教師と生徒の2者関係から生徒指導の構造について検討を行った。その結果，以下の3点が明らかとなった。

第1に，教師が生徒の問題行動ばかりに注目するのではなく，生徒が問題を引き起こしていないときや，学校内の活動に取り組めている非問題時に注目した指導が有効であることが示唆された。ここでの生徒の非問題時とは，問題行動をしていない状態だけでなく，中学生として取り組んで当たり前と教師が考えている活動に取り組んでいるときであることも明らかとなった。

第2に，生徒が問題を引き起こす問題時にあるときと，問題を起こしていない非問題時にあるときの教師の関わり方を明確に使い分ける必要性が明らかと

なった。

　第3に，学校の立て直しや学校の雰囲気の維持にとっては，特別なことを実施するというよりは，教師が生徒に取り組ませたいと考える目標を設定し，それを学校内で徹底させていくことであることが考えられる。生徒指導と生徒について明らかになった点について考察していく。

1．問題行動を引き起こしていない生徒に注目する生徒指導の有効性

　教師が生徒の問題行動ばかりに注目するのではなく，生徒が問題を引き起こしていないときや学校内の活動に取り組めている非問題時に注目した指導が有効であることが示唆された。ここでの生徒の非問題時とは，問題行動をしていない状態だけでなく，中学生が学校生活に関与して生活しているときであることも明らかとなった。さらに，生徒が学校内の活動に取り組めないときに教師は指導を行うだけでなく，生徒が問題を引き起こしていない状態に対しても日常的に関わっていくことの重要性が示唆された。

　問題が起きていないときや問題の程度が比較的軽いときに着目し，それをいかに拡大できるかを考えるアプローチは解決志向的アプローチと呼ばれ，その有効性が明らかにされている（de Shazer，1985；長谷川，2005；和田，1999）。非行臨床においては，少年が問題を引き起こさなかったときを非行少年自身から引き出し，それを本人に気づかせる支援が行われている（e.g. 瀧川，2007）。その他にも，非行の原因を問うのではなく，なぜ非行少年が立ち直ることができたのかを明らかにした研究がある（白井・岡本・栃尾・河野・近藤・福田・柏尾・小玉，2005）。

　しかし，学校内の生徒の問題行動や学校の荒れについては，生徒が問題行動を起こしていない非問題時についてはあまり焦点が当てられてこなかった。これまでの問題に対処する考え方は，逸脱などの問題を観察するモデルが主だったため，問題ではない行動や非問題時があったとしても，その変化は注目されにくかった（吉川，1999）からと考えられる。非行少年は遵法的な文化と逸脱的な文化を漂流する（Matza，1986）。非行や問題行動を継続して引き起こす生徒であっても，朝から晩まで四六時中，問題だけを引き起こしているわけではない。いつもは問題を引き起こす生徒であっても，授業によっては積極的に参

加したり，クラスメイトと協力して学校行事に取り組んでいたりすることもあると考えられる。これは，非行や問題行動を抑止する要因と，それとは逆の非問題時における生徒の行動を促進する要因は，水準を分けて考える必要性を示唆するものと考えられる。

　問題行動のような生徒のマイナスの面に焦点を当てるだけでなく，「学校に関与し，中学校の活動に取り組んでいる生徒のプラスの状態」を，よりプラス方向へと拡大する視点からも，中学生の学校適応を検討していく意義があると考えられる。

2．中学生を促える2つの生徒指導

　生徒が問題を引き起こす問題時にあるときと，問題を起こしていない非問題時にあるときの教師の関わり方を明確に使い分ける必要性が明らかとなった。これまでの研究で扱われてきた生徒に対する教師の関わり方として，教師のソーシャルサポートがある（e.g., 岡安・嶋田・坂野，1993）。これは，生徒が困っているときなどの問題場面に主に焦点が当てられている。また，問題を引き起こした生徒に対して，事後的に叱ったりほめたりするような，教師像が強く示されている（e.g., 鈎，1997）。しかし，本研究の結果からは，教師の生徒に対する関わりは，生徒が問題を引き起こしたり，困っていたりする場面だけではないことが分かった。

　むしろ，生徒が問題を引き起こしていない日常場面において，教師から生徒への関わりが重要であることが示唆された。そして，生徒が問題を引き起こした場面での教師の関わり方と，生徒が問題を引き起こしていないときの教師の関わり方を明確に区別して，教師の指導と生徒の問題行動について検討する必要性が明らかとなった。こうした問題時と非問題時を区別した指導は，生徒が教師を両価的に意味づけていることにも関連していると考えられる。教育現場には権力関係が存在し（広田，2003）教師と生徒は相容れない関係にある。両者の関係をふまえると，「ムカつくけどいい先生」といったような，権力性を持って生徒に指導しながらも，時には生徒と同じ目線から関わりを持つ両価的な存在として教師を捉える必要がある。

　本研究の課題を述べる。マッチングされた教師と生徒のインタビューデータ

をもとに，生徒指導と教師からみえる生徒の様子を検討した。しかし，対象者は，教師1名と生徒1名であるため，本研究で得られた知見をすぐに一般化することはできない。今後，量的調査を行いながら，本研究で得られた知見を検証していく必要があるだろう。

次の第2節では，教師を対象とした自由記述調査をもとに，学校に関与して生活する生徒の様子と，生徒に行っている生徒指導を教師側から捉えていくことにする。

第2節　教師の視点から捉え直す学校内の生徒の姿と生徒の様子に合わせた教師の生徒指導（研究4）

目　的

本研究では，教師を対象とした自由記述の調査結果をもとに，以下の2点について明らかにする。

第1に，教師は，生徒が問題を起こしていない非問題時の生徒像をどのように捉えているのかを問題時の生徒像と対比させて検討する。本研究では，生徒を大きく2つのタイプに分類する。第1のタイプとしては，教師から見て，問題をよく引き起こしている生徒を問題生徒とする。第2のタイプとして，問題を起こさずにいる生徒を一般生徒とする。そして，2つのタイプの生徒が，学校内の活動に取り組んでいる状態を取り上げることにより，学校現場における生徒の非問題時を教師の視点から明らかにする。

第2に，学校内の活動に取り組んでいる生徒に対して，教師はどのような関わりをしているのか，また問題行動を引き起こしている生徒に対して，教師はどのような関わりをしているのかを検討する。具体的には，問題生徒と一般生徒が，学校内の活動に取り組んでいるときや，問題行動を引き起こしているときに，どのような指導や関わりをしたことがあるのか，その実態を明らかにする。さらに，問題生徒と一般生徒に対して，教師が生徒指導を使い分けているところや，共通して用いている生徒指導を明らかにする。

方　　法

1．対　　象
　首都圏の公立中学校1校に在籍する教員16名であった。時間の都合がつかなかった教員を除く，回答のあった10名分の調査票を分析対象とした。

2．調査時期
　2007年10月下旬から2007年11月に調査を行った。

3．手続き
　事前に校長先生に調査目的について相談し，調査実施の承諾を得た。その後で，調査の件を，管理職を通して教員に説明してもらった。後日，調査者が学校を訪問した際に，16名の教員それぞれに調査票を配布した。調査票を配布する際には，調査内容について改めて説明した。
　調査票の回収については，職員室に回収袋を用意し，回答が終わった調査票は，その回収袋に入れるよう教員に説明した。後日，調査者が学校を訪問した際に，回収袋に入っている調査票を回収した。

4．調査票の構成
　調査票に回答するにあたり，教示において，以下の7つの場面における生徒の様子を想像しながら，すべての質問項目に回答するよう求めた。具体的な場面は，（1）授業中，（2）部活動，（3）体育祭や文化祭などの行事，（4）給食，（5）そうじ，（6）委員会活動，（7）授業以外の学級活動であった。
　これらの場面を選択するにあたっては，事前に生活指導主任の教師に相談し，そのアドバイスに基づき7つの場面を選択した。

①「問題生徒が学校内の活動に取り組んでいるときの様子に関する質問」
　問題行動を引き起こす指導困難な生徒（以下，問題生徒とする）が学校内の活動に取り組んでいるときの様子について回答を求めた。具体的な教示文としては以下の通りであった。

「普段は，勉強や行事に対する取り組みに，意欲的な態度を見せることはないのに，ある場面において，とてもがんばって学校内の活動に取り組んでいたような生徒と関わったことがありますか？　もし過去にありましたら，実際に関わった生徒のエピソードをもとにして，そのときの生徒の態度や行動など具体的な様子を以下にお書きください。」

② 「学校内の活動に取り組んでいる問題生徒に対する教師の関わり」
　①の質問において回答があった場合にのみ回答を求めた。教示文は以下の通りであった。
　「①でお答えになった生徒と関わったときに，どのようなことをお感じになりましたか？　また，その生徒とどのような関わりを持ちましたか？　具体的なエピソードをもとにしてお書きください。」

③ 「一般生徒が学校内の活動に取り組んでいるときの様子に関する質問」
　生徒指導上の問題の少ない生徒（以下，一般生徒とする）が学校内の活動に取り組んでいるときの様子について回答を求めた。具体的な教示文は以下の通りであった。
　「勉強や部活に意欲的に取り組み，学校内で集団行動もでき，同級生との関係や先輩・後輩関係もうまく築けているような生徒と関わったことがありますか？　もし過去にありましたら，実際に関わった生徒のエピソードをもとにして，そのときの生徒の態度や行動など具体的な様子を以下にお書きください。」

④ 「学校内の活動に取り組んでいる一般生徒に対する教師の関わり」
　③の質問において回答があった場合にのみ，回答を求めた。教示文は以下の通りであった。
　「③でお答えになった生徒と関わったときに，どのようなことをお感じになりましたか？　また，その生徒とどのような関わりを持ちましたか？　具体的なエピソードをもとにしてお書きください。」

⑤「問題生徒への効果的な指導について」

　問題行動の多い問題生徒の例として，以下のような教示を挙げた。「いつも校内で教師へ反抗したり，学校内での集団行動に従わなかったり，同級生へのいじめや暴力などのトラブルを起こしている生徒Aがいました。そして，生徒Aに対する指導の困難を日々，感じていました。」これに対して，例に挙げたような指導困難を感じる生徒と関わったことがあるかどうかと，そういった生徒に対して効果的だと感じる指導についてまとめるよう求めた。具体的な教示は以下の通りであった。

　「上記のような生徒と関わった経験はありますか？　もしありましたら，このような生徒にとても効果のあった指導方法や生徒に大きな変化が生じた関わり方を，これまで経験されたエピソードをもとに，以下にお書きください。」

結　　果

1．生徒に対する教師の関わり方エピソード

　自由記述の回答のすべてについて，1枚のカードに1事例となるように自由記述を抽出した。合計46個のエピソードが得られた。内訳は，次の通りである。問題生徒が学校内の活動に取り組んでいるときの様子についての教示から得られたエピソード数は12であった。学校内の活動に取り組んでいる問題生徒に対する教師の関わりに関する教示から得られたエピソード数は7であった。一般生徒が学校内の活動に取り組んでいるときの様子に関する教示から得られたエピソード数は14であった。学校内の活動に取り組んでいる一般生徒に対する教師の関わりに関する教示から得られたエピソード数は4であった。問題生徒への効果的な指導に関する教示から得られたエピソード数は9であった。

　次に，KJ法に準じた方法によりエピソードを分類した。個々のエピソードが問題生徒に関係するものか，一般生徒に関係するものかは伏せ，46個のエピソードをまとめて分類した。心理学専攻の博士後期課程に在籍する大学院生2名によって分類を行った。分類を行う際には，カテゴリー数を指定せずに分類を行った。その理由は，分析者の恣意的解釈を避け，得られたデータの特徴を捉えるカテゴリーを抽出するためであった（e.g., 徳田, 2004）。その結果，「生徒像」と「生徒に対する教師の関わり」の2つのカテゴリーに分類された。「生

Table 4-2-1 〈問題生徒〉と〈一般生徒〉の教示文別にまとめた生徒像のエピソード数

カテゴリー	下位カテゴリー (全エピソード数)	〈問題生徒〉を想定した教示文から得られたエピソード数	〈一般生徒〉を想定した教示文から得られたエピソード数
生徒像	1) 興味・関心の狭い生徒 (5)	5	0
	2) 状況により取り組みが変化する生徒 (5)	5	0
	3) 他者へ配慮する生徒 (4)	0	4
	4) あたり前のことをあたり前にできる生徒 (6)	0	6
	5) リーダーシップを発揮する生徒 (4)	0	4

徒像」は，5つの下位カテゴリーから構成されていた。「生徒に対する教師の関わり」は，8つの下位カテゴリーから構成されていた。抽出された2つのカテゴリーについて，以下で詳しく見ていく。

2．学校内における教師からみた生徒像

　生徒像は，1) 興味・関心の狭い生徒，2) 状況により取り組みが変化する生徒，3) 他者へ配慮する生徒，4) あたり前のことをあたり前にできる生徒，5) リーダーシップを発揮する生徒の5つの下位カテゴリーから構成されていた。

　各下位カテゴリーの全エピソード数，問題生徒を想定した教示文から得られたエピソード数，一般生徒を想定した教示文から得られたエピソード数をTable 4-2-1 に示した。

　生徒像の下位カテゴリーは，〈問題生徒を想定した教示文から得られたエピソード〉と〈一般生徒を想定した教示文から得られたエピソード〉が明確に分かれて構成されていた。1) 興味・関心の狭い生徒と2) 状況により取り組みが変化する生徒の2つの下位カテゴリーは，問題生徒を想定した教示文から得られたエピソードから構成されていた。一方，3) 他者へ配慮する生徒，4) あたり前のことをあたり前にできる生徒，5) リーダーシップを発揮する生徒の3つの下位カテゴリーは，一般生徒を想定した教示文から得られたエピソードから構成されていた。

　生徒像の下位カテゴリーの具体例は，Table 4-2-2 のとおりであった。〈問題生徒〉を想定した教示から得られたエピソードから構成されていた2つの下位

Table 4-2-2　学校内における教師からみた生徒像についてのエピソード

カテゴリー	下位カテゴリー （全エピソード数）	具　体　例
生徒像	1) 興味・関心の狭い生徒（5）	・勉強には意欲を見せないが，人が変わったように部活だけはやる。 ・いろいろな授業で，私語が多い，教師の指示に従わない，提出物は出さない，と指摘を受けている生徒だった。音楽の授業でも，提出物は出さなかったし，歌以外の学習活動では，積極的に取り組む姿勢は示さなかった。しかし，合唱になると人が変わったように，熱心に取り組み，男声の中ではリーダー格になり，がんばっていた。
	2) 状況により取り組みが変化する生徒（5）	・2年後半から，生活指導上の問題（服装，喫煙，遅刻）が目立ってきた生徒が，3年になり運動会の団長に立候補して団長になった。団長として生徒の先頭に立ち，大きな声でエールを送ったり，応援練習の計画や団長会での意見交換など，責任を持って団長の仕事を果たした。 ・校舎の破壊活動，授業妨害や授業へのサボタージュ，校内での飲食や携帯電話の使用など，ルール違反を繰り返していました。保護者の前では悪くみられたくないので，運動会，合唱コンクール，卒業式などの行事にはムラがあったものの，概ね普通に取り組むことができました。
	3) 他者へ配慮する生徒（4）	・部活で部長をやっていた子。困っているクラスメイトや後輩のことを自分のことのように心配し，親身になって考えてあげたり，親切に教えたりすることができる子でした。 ・笑顔が多かった。相手の立場を配慮できる話し方ができた。上級生に対しても，行動にウラ・オモテがなく，相手の意図を理解できる。
	4) あたり前のことをあたり前にできる生徒（6）	・学年全員の信望を一身に集め，学習に自主的・意欲的に取り組むとともに，行事ではリーダーとなって，的確に指示を出したり，フォロワーとなって裏方の地味な作業をしたりしていた。 ・行事の後の片付けをたとえ1人であっても最後まで残ってやる。
	5) リーダーシップを発揮する生徒（4）	・生徒会長に立候補して，生徒会長になった生徒。成績優秀，温厚な性格だが，頑張りや。分け隔てなく，人に接する態度から，周りの信頼も厚く，好感の持てる生徒だった。 ・クラスで人間関係がうまくいかず迷ったときに，その子に状況と担任としての気持ち，希望などを本音で伝えると，うまくまとめてくれた。

カテゴリーからみていく。1）興味・関心の狭い生徒と2）状況により取り組みが変化する生徒の下位カテゴリーの特徴は，具体例をみると「勉強には意欲を見せないが，部活だけはやる」，「生活指導上の問題が目立ってきた生徒が，責任を持って団長の仕事を果たした」と，教師から見て一般的に生徒指導の対象となるような条件が最初につけられ，その後で，限定された学校内の活動であれば，取り組むことができると付け加えられていた。つまり，この2つの下位カテゴリーに共通するのは，すべての学校内の活動ではなく，特定の活動にのみ取り組める生徒の特徴であった。したがって，問題生徒は，問題行動を引き起こす一方で，ある状況下やある活動については意欲的に取り組めるときがあることが示された。

次に，〈一般生徒〉を想定した教示から得られたエピソードから構成されていた3つの下位カテゴリーをみていく。3）他者へ配慮する生徒，4）あたり前のことをあたり前にできる生徒，5）リーダーシップを発揮する生徒の下位カテゴリーの特徴は，具体例をみると「クラスメイトや後輩のことを自分のことのように心配し，親切に教えたりすることができる」，「学習に自主的・意欲的に取り組むとともに，行事ではリーダーとなって，的確に指示を出したり，フォロワーとなって裏方の地味な作業をしていた」，「生徒会長になった生徒。成績優秀，温厚な性格だが頑張り屋」と，関係を持つ相手や状況，活動内容が変化しても一貫した様子を示す生徒像であった。つまり，この3つの下位カテゴリーに共通するのは，分け隔てなく対人関係を築ける生徒の特徴を示すものや，学校内の様々な種類の活動に満遍なく取り組める安定した生徒の特徴であった。したがって，一般生徒は，状況，相手や活動が変化しても，安定して学校内の活動に取り組めることが示された。

〈問題生徒〉であれ，〈一般生徒〉であれ，学校内で生徒がどのように学校生活を送っているのかが，具体的なエピソードから明らかになった。

3．生徒に対する教師の関わり

生徒に対する教師の関わりの下位カテゴリーは，1）日常的な関わり，2）生徒を見守る関わり，3）信頼関係を築くための関わり，4）役割を与える関わり，5）生徒を励まし，ほめる関わり，6）行事などの特別な場面における

第4章　中学生の学校生活と教師の関わりを捉え直す　81

Table 4-2-3 〈問題生徒〉と〈一般生徒〉への教師の関わりのエピソード数

カテゴリー	下位カテゴリー（全エピソード数）	〈問題生徒〉を想定した教示文から得られたエピソード数	〈一般生徒〉を想定した教示文から得られたエピソード数
生徒に対する教師の関わり	1）日常的な関わり（3）	2	1
	2）生徒を見守る関わり（3）	2	1
	3）信頼関係を築くための関わり（2）	2	0
	4）役割を与える関わり（2）	2	0
	5）生徒を励まし，ほめる関わり（5）	5	0
	6）行事などの特別な場面における関わり（2）	0	2
	7）辛抱強く生徒の問題に向き合う関わり（2）	2	0
	8）生徒が引き起こした問題への徹底的な関わり（3）	3	0

関わり，7）辛抱強く生徒の問題に向き合う関わり，8）生徒が引きこした問題への徹底的な関わりの8つの下位カテゴリーから構成されていた。各下位カテゴリーの全エピソード数，問題生徒を想定した教示文から得られたエピソード数，一般生徒を想定した教示文から得られたエピソード数を Table 4-2-3 に示した。

　1）日常的な関わり，2）生徒を見守る関わりの2つの下位カテゴリーは，〈問題生徒を想定した教示文から得られたエピソード〉と〈一般生徒を想定した教示文から得られたエピソード〉の両方から構成されていた。この2つの下位カテゴリーは，問題生徒と一般生徒の両者に共通して用いられる教師の関わり方として考えられた。3）信頼関係を築くための関わり，4）役割を与える関わり，5）生徒を励まし，ほめる関わり，7）辛抱強く生徒の問題に向き合う関わり，8）生徒が引き起こした問題への徹底的な関わりの5つの下位カテゴリーは，〈問題生徒を想定した教示文から得られたエピソード〉から構成されていた。この5つの下位カテゴリーは，主に問題生徒に用いられる教師の関わり方として考えられた。6）行事などの特別な場面における関わりは，〈一般生徒を想定した教示文から得られたエピソード〉から構成されていた。この下位カテゴリーは，主に一般生徒に用いられる教師の関わり方として考えられた。

生徒に対する教師の関わりの下位カテゴリーについての具体例はTable 4-2-4のとおりであった。1）日常的な関わりは，具体例をみると「ちょっと気がぬけるように声をかけたりします」とあるように，学校内の活動に取り組んでいる生徒を教師が気にかけて言葉がけをするような関わりであった。また，「自分自身の趣味やはまっていることを投げかけて，共感できたりすると話しやすくなる」とあるように，特別な指導場面というよりは，休み時間などの日常場面における教師の生徒に対する関わりと考えられた。2）生徒を見守る関わりは，具体例をみると「部活で部長をまかせていたこともあり，その生徒を飛び越えて指導に入ることはしませんでした」とあるように，生徒の自主性や生徒自身による気づきを尊重するために，あえて何もせずに見守っている関わりであった。これも，生徒が問題行動を引き起こした場面というよりは，生徒が部活などの学校内の活動に取り組んでいる様子を見守ることであるため，日常的で非問題場面における教師の生徒に対する関わりとして考えられた。したがって，1）日常的な関わりと2）生徒を見守る関わりは，生徒が問題を引き起こさずに学校内の活動に取り組んでいるときに用いられる関わり方として考えられた。

　3）信頼関係を築く関わりは，具体例をみると「その人に関心をもって言葉をかければ悪い気はしないはず。そのように人間関係を作り，面目をつぶさない」とあるように教師が能動的に生徒に接触し，生徒を尊重するような関わりであった。4）役割を与える関わりは，具体例をみると「これは特別，君にお願いするよと示してやると，意欲的になる気がします」とあるように，生徒の意欲を引き出し，生徒が学校内の活動に取り組めるような状況を教師が積極的にお膳立てをして，その状況を作り出すような関わりであった。5）生徒を励まし，ほめる関わりは，具体例をみると，「いろいろな場面で，いろいろな大人にできるだけ関わってもらって，その方たちからの情報を集め，それを本人にフィードバックしていく」とあるように，生徒をできるだけ多様な側面から捉え，生徒の良いところを見出していくような関わりであった。これら3つの下位カテゴリーに共通するのは，なんとかして学校内の活動に取り組めるように教師が問題生徒と能動的に関係を作っていこうとする点であった。

　7）辛抱強く生徒の問題に向き合う関わりは，具体例をみると「問題を起こ

Table 4-2-4　生徒に対する教師の関わりについての分類

カテゴリー	下位カテゴリー（全エピソード数）	具体例
生徒に対する教師の関わり	1）日常的な関わり（3）	・ちょっと気がぬけるように声をかけたりします。学校以外のことを話題にしたり，「がんばってるね」，「また話しにおいで」とか，なるべく声をかけるようにしています。 ・問題行動のある生徒とは，なかなか打ち解けて話しをするのが難しいと思います。そういう時に，自分自身の趣味やはまっていることを投げかけて，共感できたりすると，それ以降，話しやすくなったりします。
	2）生徒を見守る関わり（3）	・部活で部長をまかせていたこともあり，すべて生徒にやらせることを重視しました。その生徒を飛び越えて指導に入ることはしませんでした。ぎりぎりまで問題の解決を彼にゆだねるように心がけました。 ・本人の心の成長を待つしかないのかな。ただ，本人を守ってあげる大人がいることを感じさせていくことも，大事なことだと思います。
	3）信頼関係を築くための関わり（2）	・どのような生徒でも，その人に関心をもって言葉をかければ悪い気はしないはず。そのように人間関係を作り，決して，その人の面目をつぶすような言葉はかけないようにします。 ・基本的には，話しを聞いてあげて，信頼関係を築いていくこと。
	4）役割を与える関わり（2）	・「これは特別，君にお願いするよ」と示してやると，意欲的になる気がします。 ・植木の水やり，シーツをたたむ，窓ふきなど，普段，家でやらないことをお願いしてほめると，毎回やりたがる。
	5）生徒を励まし，ほめる関わり（5）	・いろいろな場面で，いろいろな大人にできるだけ関わってもらって，その方たちからの情報を集め，それを本人にフィードバックしていく（＝ほめていく）ことで，学校生活への意欲につながればよいと考えている。 ・授業だけでなく，行事，再テストや補習なども含めて注意し，励まし，がんばらせていきます。
	6）行事などの特別な場面における関わり（2）	・学級活動や生徒会活動など，多岐にわたり活躍の場面で支援した。 ・こちらはアドバイスを求められたときに，自分なりの支援をしただけです。
	7）辛抱強く生徒の問題に向き合う関わり（2）	・問題を起こしたときに，その場で時間をかけて話しを聞くなどを繰り返した。見捨ててはいないぞという気持ちを伝えた。 ・問題行動をどんな形で出してくるにしても，「自分を見て」というアプローチだとは思います。あきらめず，見離さず，向き合ってあげるしかないのではないでしょうか。
	8）生徒が引き起こした問題への徹底的な関わり（3）	・母子家庭で，母親に迷惑をかけることを嫌がったが，学校でしっかりできない。退勤時に毎日，家庭訪問をして，本人や母親との関わりを強めた。 ・本当の力を見抜くことが我々には必要なこと。個人的には，本気で関わったことが，その子の転機になることが多かったかな。

したときに，その場で時間をかけて話を聞く」とあるように，生徒が問題を引き起こしたことについて，教師と生徒が深く話し合うような関わりであった。
8）生徒が引き起こした問題への徹底的な関わりは，具体例をみると「退勤時に毎日，家庭訪問をして，本人や母親との関わりを強めた」とあるように，生徒が引き起こした問題について，保護者までも巻き込んだ教師・生徒・保護者という3者間で話し合いを行うような関わりであった。これら2つの下位カテゴリーに共通するのは，問題行動を引き起こしている生徒と教師が向き合い，徹底的に指導しようとする点であった。

6）行事などの特別な場面における関わりは，「活躍の場面で支援した」とあるように，学校内の行事や受験など，生徒にとっての特別な場面において，その生徒へのサポートをするような関わりであった。これは，生徒が助言を求めてきたときに，教師が生徒をサポートする受動的な関わり方と考えられた。

考　察

第2節では，教師の視点からみた生徒像とそれに対する教師の関わりについて検討した。

生徒の様子については2つのカテゴリーが得られた。1つ目は，問題行動を引き起こす一方で，部活や行事，ある特定の授業においては一生懸命その活動に取り組める，限定された領域で学校内の活動に取り組める生徒像が得られた。2つ目は，教師，同級生，友人などと分け隔てなく対人関係を築いたり，勉強も部活も頑張れるといったように，様々な領域で，満遍なく学校内の活動に取り組める安定した生徒像を示すカテゴリーが得られた。前者はいわゆる問題生徒と考えられる。指導を要する生徒であっても，部活や行事，美術や音楽などの特定の授業では意欲的に活動できる様子が示唆された。これは，Matza（1986）の漂流する非行少年像と合致するものである。したがって，生徒の問題行動にのみ目を向けるのではなく，たとえ限定された範囲であったとしても，生徒が学校内の活動に取り組めているところも研究対象としていくことの必要性を示唆するものである。耳塚（1980）は，「学校と教師の持つ価値への肯定的な適応を示すこと」と向学校的という言葉を定義している。耳塚（1980）を参考にすると，学校と教師の持つ価値への肯定的な適応を示し，学校内の活動に

取り組めている生徒の行動を向学校的行動と定義できる。このような問題行動という指標だけでなく，向学校的行動といった生徒のプラスの面に焦点を当てる行動指標にも注目する必要がある。

生徒に対する教師の関わりでは，教師から生徒に能動的に働きかける能動的な関わりと，何かが起きた後で生徒に対応する事後的な関わりの大きく2つが明らかとなった。

能動的な関わりとしては，普段の学校生活において生徒への配慮を示したり，信頼関係を築くための関わりがあることが分かった。また，生徒の意欲を引き出し，生徒が学校内の活動に取り組めるようにするために，教師が生徒に役割を与える関わりが明らかとなった。

事後的な関わりとしては，生徒が教師に助言を求めてきたときに，教師が生徒をサポートする関わりが明らかとなった。また，生徒が問題行動を引き起こした際には，あきらめず根気よく向き合うような事後的な関わりが明らかとなった。生徒が問題を起こしていない非問題時における教師の能動的な関わりについては，これまで焦点が当てられてこなかった。むしろ，生徒が問題に直面して困っているような場面での教師が事後的に行うソーシャルサポートなどに焦点が当てられてきた（e.g., 岡安・嶋田・坂野, 1993）。

生徒指導には2つの役割があると言われている（文部科学省, 2010b）。1つ目は，生徒によって引き起こされた問題行動に対して事後的に対処するという面である。2つ目は，「一人一人の児童生徒の人格を尊重し，個性の伸長を図りながら，社会的資質や行動力を高めることを目指して行われる教育活動のこと」と定義されている。この生徒指導の2つ目の役割に基づけば，生徒による問題行動が引き起こされた後に教師が事後的，受動的に関わるだけでなく，生徒が充実した学校生活を送れるようにするための能動的な関わりや支援にも焦点を当てることが必要と考えられる。したがって，生徒に対する教師の能動的な関わりが，生徒の学校適応や問題行動にどのような影響を与えるのかを検討していく必要があるだろう。

第2節で明らかになった生徒の向学校的行動と，生徒に対する教師の2つの関わりに関するエピソードをもとに，次の第3節では，量的な調査で用いる尺度の構成を行う。

第3節　生徒に対する教師の関わり尺度と向学校的行動尺度の構成（研究5）

目　　的

　第2節において，教師を対象とした自由記述調査を行った。その結果，学校内の活動に取り組む生徒像や，事後的な指導以外の教師の生徒に対する関わり方が明らかとなった。自由記述調査の結果をふまえ，以下2つの尺度の構成を行う。1つ目は，生徒指導に関する尺度の構成である。2つ目は，生徒が学校内の活動に取り組む向学校的行動尺度の構成である。

方　　法

1．手続きと協力者

　首都圏にある公立中学校5校において，全学年を対象に調査を実施した。調査実施日は，行事など学校の都合により2008年7月と2008年9月に行われた。教員が授業時間内に調査票を配布した。回答後，生徒に封筒の封を閉じてもらい調査票を回収した。これは，調査票の内容が教師や他の生徒に見られ，生徒個人の不利益とならないように配慮するためであった。回収された生徒2219名分のアンケートのうち不備のあったものを除く2,133名を分析対象とした。内訳は，1年生705名（男子356名，女子348名，不明1名），2年生727名（男子388名，女子336名，不明3名），3年生697名（男子349名，女子344名，不明4名）であった。学年と性別の両方が不明だったものが4名であった。学年・男女別で検討するのが本研究の目的ではないため，学年と性別が未記入であった者も分析対象とした。

2．分析項目の構成

生徒に対する教師の関わり

　第2節で実施した教師を対象とした自由記述式のアンケート調査の結果から収集された14項目を用いた。「あなたの学校の先生についてお聞きします。先

生はあなたに対してどのように接すると思いますか」という教示のもと「ぜったいにちがう（1点）」から「きっとそうだ（4点）」の4件法で回答を求めた。

向学校的行動

　第2節で実施した教師を対象とした自由記述式のアンケート調査の結果から収集された17項目を用いた。「ここ1年間に，あなたは以下のことをしたことがありますか」という教示のもと，「まったくない（0点）」「1回ある（1点）」，「数回ある（2点）」，「何度もある（3点）」の4件法で回答を求めた。

結　果

1．生徒に対する教師の関わり尺度の構成

　全14項目について因子分析（主因子法，プロマックス回転）を行った。因子の解釈を考慮し因子負荷量 .40以上を基準とした結果，2因子11項目が抽出された（Table 4-3-1）。

　第Ⅰ因子は，日常的で能動的な教師の関わりに関係する項目から構成されていたため能動的な関わりと命名した。第Ⅱ因子は，事後的な指導に関係する項目から構成されていたため事後的な関わりと命名した。信頼性係数は，第Ⅰ因子は $\alpha = .85$，第Ⅱ因子は $\alpha = .86$ であった。これまでの先行研究で扱われてきた事後的な関わり因子だけでなく，教師が生徒と日常的な場面で関わっていく能動的な関わり因子も明らかとなった。

2．向学校的行動尺度の構成

　向学校的行動，全17項目に対して因子分析（主因子法，プロマックス回転）を行った。因子の解釈を考慮し因子負荷量 .40以上を基準とした結果，2因子13項目が抽出された（Table 4-3-2）。

　第Ⅰ因子は，学校内の活動に取り組む項目から構成されていたため学校生活関与行動と命名した。第Ⅱ因子は，学校の基本的な生活習慣に関する項目から構成されていたため学校習慣順守行動と命名した。信頼性係数は，第Ⅰ因子は $\alpha = .88$，第Ⅱ因子は $\alpha = .88$ であった。生徒が学校内の活動に取り組むことを測定する尺度として，向学校的行動尺度を構成した。向学校的行動尺度は，学

Table 4-3-1 生徒に対する教師の関わりについての因子分析結果

	第Ⅰ因子	第Ⅱ因子
能動的な関わり（α＝.85）		
先生は，生徒が興味や関心をもっている話を聞いてくれる	.80	.03
先生は，休み時間や給食中に生徒のたわいもない話しにつきあってくれる	.77	−.08
先生は，ふだんから生徒を気にかけてくれる	.66	.17
先生は，生徒が得意とすることを尊重してくれる	.65	.17
先生は，廊下などで生徒に会うと，名前を呼んで話しかけてくれる	.63	−.03
先生は，生徒に仕事をまかせてくれる	.61	.07
先生は，部活や委員会活動のときに生徒の仕事の進め方を尊重してくれる	.60	.15
事後的な関わり（α＝.86）		
先生は，生徒が問題を起こすと，どこを改善すればいいのか教えてくれる	−.04	.88
先生は，生徒が問題を起こすと納得するまで話しをしてくれる	−.04	.87
先生は，生徒が問題を起こした時に，真剣に話しを聞いてくれる	.13	.70
先生は，生徒が学校でやってはいけないことをすると，必ず注意する	.13	.50
因子間相関		.75

Table 4-3-2 向学校的行動についての因子分析結果

	第Ⅰ因子	第Ⅱ因子
学校生活関与行動（α＝.88）		
授業に集中して取り組む	.90	−.20
先生や友達が言おうとしていることに耳を傾ける	.66	.06
提出物をしめきり日までに提出する	.62	−.03
先生にたのまれた仕事に取り組む	.58	.22
委員会活動や学級の当番で，自分がやらなければならない役割を果たす	.56	.19
授業が始まったら，授業で使う教科書やノートを机の上に準備する	.53	.26
自分が割り当てられたところの掃除をする	.51	.32
塾などの用事のないときは，下校時刻になったらまっすぐ家に帰る	.47	.17
学校習慣順守行動（α＝.88）		
体育のときには，学校で決められている体育着に着替える	−.12	.97
学校で決められている標準服を着て学校に行く	.00	.84
登校時間までに学校に行く	−.02	.74
チャイムが鳴ったら自分の席に座る	.17	.64
チャイムが鳴る前に，次の授業の教室に移動する	.33	.48
因子間相関		.76

校生活関与行動と学校習慣順守行動の2因子から構成されていることが明らかとなった。

考　察

まず，教師の生徒指導を捉える，生徒に対する教師の関わり尺度について考察する。従来の問題行動や非行と生徒指導との関連を扱った研究では，生徒が問題行動を引き起こした後に教師が生徒と関わるような，消極的指導や事後的指導と呼ばれる生徒指導に注目したものが多かった（住田・渡辺，1984；西口，2005；山本，2007）。本研究結果から，従来の研究で扱われてきた消極的指導・事後的指導だけでなく，教師が生徒と日々関わる能動的な関わり因子が明らかとなった。この能動的指導は，生徒が問題を引き起こしていないときにおける教師の関わりである。第1節の生徒に対するインタビュー調査で明らかになったように，生徒が問題を引き起こしたときと，問題を引き起こしていないときを区別し，生徒の様子に合わせて生徒指導を使い分けることが生徒と教師の良好な関係へとつながっていると考えられた。生徒に対する教師の関わり尺度は，能動的な関わりと事後的な関わりの2因子から構成された尺度である。そのため，生徒の様子に合わせた生徒指導の使い分けや，メリハリのある指導を行う教師を捉えることができるようになったと言える。

次に，生徒が学校生活に関与している状態を捉える，向学校的行動尺度について考察する。

第二次反抗期の真っ直中で問題行動を引き起こす中学生であっても，四六時中問題行動を引き起こしているわけではない。行事に参加する，ある特定の科目に対しては意欲的に取り組むなど，教師が設定した枠の中で生徒は生活している場面もある。生徒は，逸脱的な文化と遵法的な文化を漂流している（Matza, 1964）。逸脱的な面と遵法的な面の両方から中学生を捉えなければならないにもかかわらず，生徒の問題行動や非行のような逸脱的な面に焦点が当てられた研究が行われてきた。本研究では，向学校的行動は，学校生活関与行動と学校生活順守行動の2つの因子から構成されていることが明らかとなった。向学校的行動尺度により，教師が設定した枠の中で，生徒が学校生活に関与している行動を捉えることができるようになった。第3章第1節で構成した問題

行動経験尺度と向学校的行動尺度を対にすることにより，逸脱的な文化と遵法的な文化を漂流する生徒（Matza, 1964）を捉えることができる。

生徒に対する教師の関わり尺度と向学校的行動尺度を用いて，中学生の学校適応の実態を，量的調査をもとに明らかにできるようになった。

第4節　本章のまとめ

第4章では，以下の結論が得られた。

（1）　生徒が肯定的に評価する教師は，生徒が問題行動を引き起こしていないときや，生徒が持つ資質や能力に注目し，生徒指導を行っていた。
（2）　生徒により肯定的に評価される教師は，問題を引き起こしている生徒への関わり方と，問題を引き起こしていない生徒への関わり方を使い分けた生徒指導を行っていた。
（3）　学校の立て直しや学校の雰囲気を維持するにあたり，特別なことを実施するのではなく，標準服を着る，時間を守るといったような教師が当たり前と考える行動を生徒に徹底させていくことが必要と考えられた。
（4）　能動的関わりと事後的関わりの2因子から構成される，生徒に対する教師の関わり尺度が構成された。
（5）　学校生活関与行動と学校生活順守行動という2因子から構成された向学校的行動尺度が構成された。

今後の研究として，以下の示唆を得た。

（4）で明らかになった教師の生徒に対する関わり方が，生徒の学校適応を促進する効果があるのかどうかを量的調査から確認する必要がある。

（5）で明らかになった向学校的行動と，従来の研究で扱われてきた問題行動を対比させながら，生徒の向学校的行動を促進し，生徒の問題行動を抑制するには，どのような生徒指導が必要なのかを，量的調査から明らかにする必要がある。

第5章
学校における教師と生徒の関係

　第3章では，学校の中で生じる生徒の問題として，学校集団と生徒個人レベルを対比させながら，中学生の問題行動について検討した。

　第4章では，従来の研究よりも生徒指導と生徒の学校での過ごし方を広く捉えるために尺度の構成を行い，生徒に対する教師の関わり尺度と生徒の向学校的行動尺度を構成した。第3章と第4章で明らかになった結果をもとに，第6章と第7章の研究目的を述べていく。

第1節　学校，教師，生徒を1つの単位として中学生の学校適応を捉える

　これまでの問題行動の研究では，規範意識，セルフコントロール，攻撃性といった個人レベルの変数に注目し，問題行動や非行を説明しようとする研究が多かった。

　第3章では，学校の規範文化の影響を受けて生徒は問題行動を引き起こしており，規範意識といった個人レベルの変数だけでは学校内の問題行動を十分に理解できないことが明らかとなった。生徒は学校集団の影響を受けて学校生活を過ごしていると考えられる。生徒を理解していく上では，学校集団と生徒を切り離さずに，ある学校の中で生活する生徒として，学校と生徒の両方から中

学生の学校適応を捉える必要性が第3章より示唆された。しかし，第3章には2つの課題が残される。

第1に，第3章は横断的研究法を用いており，ある時点における学校集団と生徒個人の関係を一時点で検討した研究となっていた。そのため，学校集団と生徒の影響関係を十分に記述することはできていなかった。学校環境が生徒に与える影響を検討するためには，学校環境の変化が先立ち，それによって生徒の学校への適応がどのように変化するのかを縦断的研究方法を用いて検討する必要がある。縦断的研究方法を用いることにより，第3章よりも学校集団と生徒間に生じる影響関係を捉えることができる。

第2に，第3章は学校集団と生徒に注目して生徒の学校適応を研究しており，教師については取り上げられていなかった。学校現場において生徒によって問題が引き起こされると，教師は生徒指導を通してそれに対応しようとする。教師への愛着は問題行動を抑止する（斉藤，2002）とあるように，生徒の学校適応の研究を行う上では，教師の存在を欠かすことはできない。学校集団と生徒の関係だけでなく，学校集団における教師と生徒の関係を検討することも重要である。

第2節 ２つの生徒指導と２つの生徒の行動から中学生を捉える

先行研究では，生徒の教師に対する愛着（斉藤，2002）や教師からのソーシャルサポート（岡安・嶋田・坂野，1993）といった変数を用いて教師と生徒の関係が捉えられてきた。そして，生徒の教師に対する愛着は問題行動を抑制することや，教師から生徒へのソーシャルサポートが生徒の学校適応を促進することが明らかにされてきた。これらは，教師と生徒の愛着や信頼感といった抽象的な関係を扱い，生徒の学校適応を検討した研究と言える。

生徒の学校適応を促進していく上で，さらに重要なことは，教師が生徒に対しどのように関わることによって，生徒の学校適応が促進されるのか，具体的な教師の関わり方にもとづいて明らかにすることである。

これまでの問題行動や非行の研究で扱われてきた生徒指導は，問題が起きた後の対応である事後的な指導や消極的指導と呼ばれるものであった（住田・渡

辺，1984)。このような対処療法的な「事後的な指導」や「消極的指導」と呼ばれる1つの生徒指導をもとに研究を行うことは，生徒を固定的に捉えてしまい，対応が行き詰る危険がある。それは，以下の2つの理由があるからである。

1つ目の理由は，生徒は，事後的な指導の対象となるような問題行動のみを常に引き起こしているという見方になってしまうことである。しかし，生徒は，問題行動のみを引き起こしているような単純なものではない。第4章で明らかになったように，問題行動を引き起こしているときもあれば，学校内の活動に取り組み学校生活に関与しているときもある。「向学校的行動」と「問題行動」の両方を経験しながら，生徒は学校生活を送っている。したがって，問題を引き起こしているとき，問題を引き起こしていないときのように，学校内で教師に見せる生徒の姿に変化があるのであれば，それに応じて教師の関わり方も変えていく必要がある。生徒の様子に合わせて生徒指導を変えていく必要があるにもかかわらず，従来の研究のように事後的指導や消極的指導といった1つの生徒指導のみで生徒の学校適応を捉えようとするのには限界がある。そこで，第4章から明らかにされた，教師が生徒と日常的に関わる「能動的な関わり」と，問題を起こした生徒に教師が関わる「事後的な関わり」の2つの生徒指導から，生徒の学校適応の研究を行う。

2つ目の理由は，事後的指導は問題行動といった生徒のネガティブな面と対応するため，どのような生徒指導によって，生徒の問題行動を抑制できるかという問題意識になりがちなことである。しかし，青年期のみに逸脱行動に関与し，成人期にさしかかると非行や犯罪から離れていくグループは，発達的に正常なものとみなされている（Moffitt, 1993）。第二次反抗期といった発達的段階にいる中学生は教師や保護者が設定した枠から逸脱しやすい時期なのである。生徒の問題行動を押さえつけようと教師が対応すればするほど反発が強まり，問題行動がさらに増加していく悪循環（加藤・大久保, 2004）に陥ることも考えられる。第二次反抗期を迎えた中学生に対し，問題行動という逸脱的な面に注目したアプローチでは限界がある。そこで本研究では，第4章で明らかとなった能動的な関わりと向学校的行動を対応させて生徒の学校適応を検討する。向学校的行動に注目することにより，生徒の向学校的行動を促進するためには教師がどう生徒に関われば良いのかを考えることができる。

向学校的行動は，教師や学校が持つ価値への肯定的な適応（耳塚，1980）である。したがって，向学校的行動に対応する生徒指導は，生徒が引き起こした問題への対処療法的な事後的な関わりではなく，教師が生徒と日々関わる能動的な関わりである。能動的な関わりを向学校的行動に対応させることにより，生徒の向学校的行動を促進するためには，教師が生徒にどのような関わりを行う必要があるのかを能動的な関わりを用いて検討できる。

第4章では，教師と生徒の両者に焦点を当てながら，能動的関わりと事後的関わりの2つの因子から構成される生徒に対する教師の関わり尺度を構成した。また，学校生活関与行動と学校習慣順守行動の2つの因子から構成される向学校的行動尺度を構成した。この2つの尺度を用いて，以下の2つを明らかにする。

第1に，生徒に対する教師の関わり尺度，向学校的行動尺度，問題行動尺度の3つを用いて，生徒の向学校的行動を促進し，生徒の問題行動を抑制する生徒指導はどのようなものか，生徒の学校適応を実証的に明らかにする。

第2に，複数の状況を通して，生徒に対する教師の関わり尺度の効果を検討していくことである。先行研究では，問題場面に限定された生徒指導の効果が検討されてきた（西口，2005）。ある特定の状況における教師から生徒への生徒指導を検討しても，その生徒指導の効果は部分的にしか明らかにできない。ある場面で有効な指導が別の場面や別の子どもに有効であるとは限らない（西口，2004）。複数の状況や場面を取り上げ，それぞれの状況や場面における生徒指導と生徒の学校適応の関係を明らかにした上で，生徒指導の効果を検討することが重要である。

第3節　学校，教師，生徒を1つの単位とし，生徒指導の効果を様々な場面を通して捉える必要性

学校には様々な場面や状況がある。3年間を通してみたときの中学校生活全体がある。生徒が問題行動を引き起こすような，学校の枠から逸脱する場面がある。進級やクラス替えといった一般的な学校において見られる環境移行場面や，学校統廃合といった一部の学校において見られる特殊な環境移行場面があ

る。中学生のある1つの状況や場面を取り上げた研究だけでは，生徒の学校適応の実態と生徒指導の効果を捉えきれない。本研究では，3つの状況における生徒指導の効果を検討する。

1．中学校における問題行動を抑制し向学校的行動を促進する生徒指導

第1に，生徒の問題行動を抑制し，生徒の向学校的行動を促進する生徒指導の効果である。本研究では，逸脱的な文化に対応する問題行動と遵法的な文化に対応する向学校的行動の2種類の行動指標の変数に基づいて研究を行う。

1つ目の行動指標は，逸脱的な文化に対応する問題行動である。本研究では，教師が問題とみなす行動を問題行動（井上・矢島，1995）として定義している。第3章より問題行動経験尺度を構成している。2つ目の行動指標は，遵法的な文化に対応する向学校的行動である。第4章から明らかにされたもので，耳塚（1980）の向学校的の定義にもとづくと，向学校的行動とは，学校と教師の持つ価値への肯定的な適応を示す生徒の行動と定義される。向社会的行動という用語があるが，これは相手の利益になり，相手を助けるタイプの行動であり，そこには外的な報酬をともなわない（菊池，1984）ものである。本研究の向学校的行動は，向社会的行動とは異なるものである。

問題行動と向学校的行動の2つの行動指標を研究対象とすることは，教育実践と照らし合わせても利点がある。それは，問題が起きていない例外を拡大するアプローチが効果を上げている（de Shazer, 1985；長谷川，2005）からである。その他にも，非行少年の内省を促すために，非行に走らなかったときを調査官と少年で話し合うこと（瀧川，2007）や，問題が起きていないときに焦点化したことによる効果（笹竹，2000）が非行臨床においても報告されている。どうしたら中学生の問題行動を減らせるかという視点から，これまでの研究は行われてきた。問題行動と向学校的行動の2つの行動指標を研究対象とすることにより，どうしたら中学生の向学校的行動を促進できるかを検討できる。

そこで，第4章で明らかにされた尺度を用いて，生徒の問題行動を抑制し，生徒の向学校的行動を促進する教師の生徒指導を実証的に明らかにする。

2．学校集団の再編成過程における生徒の学校適応と生徒指導

　第2に，昨今の少子化の中で，教育現場において行われている学校統廃合（山下，2007）に注目する。学校統廃合を通した学校再編成過程と，危機的環境移行を経験する生徒の学校適応を促す生徒指導の効果を検討する。

　一般的な学校生活においては，進級，クラス替えといった学校集団の変化があり，生徒は環境の変化に適応していくことが求められる。しかし学校統廃合は，ある日を境に慣れ親しんだ環境が変わることで，校舎，登校時間の変化や通学経路に変化が生じる。また，その学校に在籍する生徒数が大幅に増加することにより，友人関係も変化する。生徒にとっては，校舎や通学経路といった物理的環境の変化だけでなく，友人関係や教師関係，学校の雰囲気といった心理的居場所が変化する環境移行である。学校統廃合による環境移行は，物理的な居場所と心理的居場所が，ある一時点を境に変化する。そのため，一般的な学校の進級やクラス替えとは異なる学校集団の再編成が生じる危機的環境移行である。学校統廃合は，学校集団の変化と，それにともなう生徒の学校適応の変化を捉えられる現象である。

　学校統廃合は，生徒にとっては危機的な環境移行となる。学校統廃合にともなう環境移行によって，ストレスの上昇や学校享受感の低下，友人関係や教師関係に変化が生じることが予想される。鈴木（1997）や仲（2000）によって小学校の学校統廃合にともなう児童の学校適応が明らかにされている。しかし，横断的な研究であるため，学校から生徒への影響関係を十分に捉えているとは言えない。また，危機的環境移行を経験する児童の学校適応を促進するために，教師はどのように関わればよいのかは検討されていない。

　危機的環境移行を経験する生徒の実態を明らかにすることも必要である。それだけでなく，教師と生徒の2者関係から，学校集団の変化にともなう危機的な状況を乗り越え，生徒の適応を促進するために，教師は生徒とどのように関わればよいのかを明らかにすることも重要である。第3章で明らかとなった能動的な関わりと事後的な関わりの2つの生徒指導を用いながら，学校統廃合にともなう生徒の心理的負担を軽減するために教師の生徒指導の影響を実証的に明らかにする。

3．3年間の学校生活における生徒の学校適応と生徒指導

　第3に，中学3年間をとおして，生徒の学校適応と，それを促す生徒指導の効果を検討する。これまでの学校適応研究の多くは，一時点から生徒の学校適応を検討したもの（石本，2010），1学期から2学期，小学校から中学校など短期的視点から生徒の変化を捉えるもの（小保方・無藤，2006；都筑，2001）であった。しかし，都筑（2008）や都筑（2009）のように，長期的な視点で生徒を捉えると，中2における時間的展望の低下などが見られ，中学3年間をとおして見ると，学年ごとに生徒の学校適応には変動が生じていることが分かる。したがって，生徒の学校適応を部分的に捉えるのではなく，縦断的な調査によって中学3年間の生徒の学校適応全体を捉える必要がある。さらに，中学3年間を通じて生徒の学校適応を促進するために教師はどのように生徒と関わればよいのか，3年間の生徒指導の効果を実証的に検討する必要がある。

　次の第3部は，第6章と第7章から成り立っている。

　第6章においては，学校集団の再編成が行われる学校統廃合という特殊な状況に焦点を当てる。第7章においては，一般的な中学3年間の学校生活という日常的な状況に焦点を当てる。中学校生活における特殊な状況と一般的な状況の2つから，生徒の学校適応の実態を捉え，さらに生徒の学校適応を促進する生徒指導の影響を実証的に明らかにする。

　第6章では，学校集団の再編成とそれにともなう生徒個人の適応を，学校統廃合という現象を通じて検討していく。第6章では2つのことを明らかにする。

　第1に，学校集団の再編成にともない生徒にどのような心理的変化が生じるのか，環境移行にともなう生徒の心理的変化の実態を明らかにする。

　第2に，能動的な関わりと事後的な関わりの2つの生徒指導をもとに，学校統廃合という危機的な環境移行における生徒の学校適応を促進していくためには，どのような生徒指導が効果を持つのかを検討する。

　第7章では，中学校生活における中学生の問題行動に対する教師の生徒指導の効果を検討していく。第7章では3つのことを明らかにする。

　第1に，横断的な調査から生徒の問題行動を抑制し，生徒の向学校的行動を促進する生徒指導を検討する。

　第2に，中学3年間の縦断的な調査から，生徒指導によって問題行動を直接

的に抑制するのではなく，生徒指導によって向学校的行動を促進することによって生徒の問題行動を抑制させていく問題行動の間接的抑制モデルを検討する。

　第3に，中学3年間の縦断調査から，学校享受感やストレスといった生徒の学校適応を捉える。さらに，中学3年間を通じて，生徒の学校適応を促進する生徒指導を検討する。

第3部
中学校生活における教師と生徒の関わり

第6章
学校集団の再編成における生徒の適応と生徒の適応を促す生徒指導

　少子化の影響により，学校統廃合は過疎地域といった一部だけの問題ではなくなっている。学校統廃合は，今まで慣れ親しんだ環境が大きく変化する環境移行であり，それを経験する生徒は心理的負担をともなう。

　第6章では，学校統廃合によって学校集団が再編成される中で，生徒が学校集団にどのように適応していくのか，〈学校集団−生徒〉関係を縦断的な調査から明らかにする。

　さらに，学校統廃合という危機的な環境移行にともなう中学生の心理的負担を軽減する上で，生徒指導がどのような役割を果たすのか，能動的な生徒指導と事後的な生徒指導の2つから生徒指導の効果を検討する。

第1節　学校集団の再編成とそれを経験する中学生の心理的変化　　　　　―学校統廃合に注目して―（研究6）

目　的

　学校に入学してから慣れ親しんできた学校環境が，学校統廃合によって大きく変化する。生徒数の増加や登校時間の変化，友人や教師との関係などの変化も生じる。そのため，進級やクラス替えといった一般の学校でも生じる環境移

行とは大きく異なるものである。学校統廃合という環境移行は，生徒にとっては危機的な環境移行であり，心理的負担が生じると考えられる（鈴木，1997；仲，2000）。

これまでの研究では，学校統廃合をとりまく地域社会や行政といった視点からの研究が多かった（奥田，1993；佐藤，2007；若林，2008）。学校統廃合を経験する子どもたちの実態を，学校統廃合前後の比較を通して明らかにする研究は十分に行われていない。少子化の影響により，学校統廃合が今後増えていくことが予想される（安田，2009）。学校統廃合による学校集団の再編成を経験することにより，生徒個人にはどのような変化が生じるのだろうか。生徒になんらかの変化が生じるとするなら，教師は生徒とどのように関わればよいのだろうか。第1節では，学校統廃合を経験する中学生の心理的変化の実態を明らかにする。

方　法

1．調査デザインと調査時期

この学校統廃合調査は，統廃合前，統廃合後6ヶ月，統廃合後1年の3回にわたる縦断調査であった。学校統廃合による学校集団の再編成に対して，生徒がどのように適応していくのかを〈小規模校〉と〈大規模校〉の比較から検討した。

調査デザインは，Fig.6-1-1のとおりである。全校生徒数が302名の相対的に大規模校の中学校と，全校生徒数が143名の相対的に小規模校の中学校で調査を行った。小規模校と大規模校の学校統廃合は，2008年4月に行われること

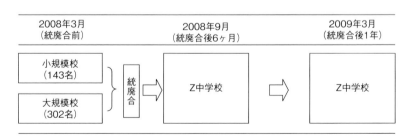

Fig. 6-1-1　統廃合調査の計画

になっていた。そこで，統廃合直前の2008年3月に第1回目の調査を行った。第1回目の調査から6ヶ月後に第2回目の調査を行った。第1回目の調査から1年後，翌年2009年3月，第3回目の調査を行った。学校集団の再編成とそれにともなう生徒の学校適応の変化を捉えるため，統廃合前，統廃合後6ヶ月，統廃合後1年の3地点からの縦断調査を行った。

2．調査対象と学校統廃合の手順

学校統廃合を実施することになった公立中学校2校において調査を実施した。統廃合前，統廃合から6ヵ月後，統廃合から1年後の合計3回の調査に回答のあった中学生235名を分析対象とした。具体的な内訳は，小規模校が91名（2年生男子28名，2年生女子25名，計53名，3年生男子18名，3年生女子20名，計38名），大規模校が144名（2年生男子39名，2年生女子46名，計85名，3年生男子28名，3年生女子31名，計59名）であった。

統廃合にあたっての手順は以下のとおりであった。公募により，新しい校名と新しい校歌が選ばれた。教育目標も新しいものが作られた。これは，小規模校と大規模校の学校が対等な関係で統廃合するという前提のもと，統廃合後は新しい学校にするためであった。

統廃合後，校舎は小規模校の校舎を2年間使用することになっていた。その間，大規模校の校舎は増改築され，3年目から新校舎に移動することになっていた。本研究は，生徒が小規模校の校舎に在籍している時のデータであった。したがって，小規模校の生徒にとっては馴染みのある校舎であり，通学経路も変わらない。一方，大規模校の生徒にとっては校舎や通学経路，登校に要する時間も変化する。したがって，大規模校の生徒は，物理的な環境の変化を感じやすいと言える。

統廃合後の学校に入学する新1年生は，統廃合によって新しくなったZ中学校の標準服・ジャージを着用することになっていた。新2，3年生は統廃合前の学校で着用していた標準服・ジャージを着用してよいことになっていた。部活動は両校の部を必ず存続させることになっていた。

教員の配置については，小規模校と大規模校から1/3ずつ配置されることになっていた。残りの1/3は，新しく配置される教員となっていた。統廃合後の

学校に残る生徒を受け持っていた教員の大部分は持ち上がった。養護の先生は，小規模校にいた養護の先生と，大規模校にいた養護の先生の両方が残った。大規模校に勤務していたスクールカウンセラーが，統廃合後の学校に配置された。一般的にスクールカウンセラーは週1回の勤務であるが，統廃合後の学校においては週2回の勤務となった。統廃合後の学校の管理職の構成は，校長には大規模校の校長が，副校長には小規模校の副校長が就任した。

　小規模校と大規模校が統廃合するにあたり，事前に生徒同士が交流する機会はなかった。

3．分析項目の構成

ストレス反応尺度

　山本・仲田・小林（2000）のストレス反応尺度のうち，各因子に対して因子負荷量の高かった上位3項目を用いた。身体的反応，抑うつ・不安，不機嫌・怒り，無気力の4つの下位尺度，全12項目を用いた。「頭痛がする」，「悲しい」，「怒りを感じる」，「難しいことを考えることができない」などの項目から構成されていた。「毎日の学校生活のなかで，次のように感じることはありますか？」という教示のもと，「全くあてはまらない（1点）」から「とてもあてはまる（4点）」の4件法で回答を求めた。

学校享受感尺度

　古市・玉木（1994）の10項目から構成された1次元の尺度である学校享受感尺度を用いた。「私は学校に行くのが楽しみだ」，「学校は楽しくて1日があっという間に過ぎてしまう」などの項目から構成されていた。「あなたの学校生活への気持ちをお聞きします」という教示のもと，「まったくそう思わない（1点）」から「とてもそう思う（4点）」の4件法で回答を求めた。

学校アイデンティティ

　越（2007）が用いている学級アイデンティティ・部活アイデンティティ尺度の「部活」，「学級」の部分を「学校」に修正したものを用いた。1次元の尺度であり，3項目から構成されていた。「この学校の一員だと感じる」，「私の中

でこの学校の一員であることは大事なことだ」などの項目から構成されていた。「あなたが通っている学校に対して，どのように感じますか？」という教示のもと，「まったくそう思わない（1点）」から「とてもそう思う（4点）」までの4件法で回答を求めた。

学級の雰囲気

小林・仲田（1997）の9項目から構成された学級の雰囲気尺度を用いた。「クラスは明るい」，「クラスはよくまとまっている」などの項目から構成されていた。「あなたのクラスについてお聞きします」という教示のもと，「まったくそう思わない」から「とてもそう思う」の4件法で回答を求めた。

教師関係と友人関係

教師との関係性，友人との関係性を評価するための尺度として，嶋田・岡安・坂野（1993）のソーシャルサポート尺度を用いた。質問項目は，「あなたに元気がないと，すぐに気づいてはげましてくれる」，「あなたが悩みや不満を言っても，いやな顔をしないで聞いてくれる」，「あなたが失敗しても，そっと助けてくれる」など5項目から構成されていた。「あなたに対してどのように接してくれると思いますか？」という教示のもと，「ぜったいにちがう（1点）」から「きっとそうだ（4点）までの」4件法で回答を求めた。同じ項目を用いて，教師の場合と友人の場合について回答してもらった。

結　果

学校集団の再編成にともなう生徒の学校適応の変化について，学校（2）×学年（2）×調査時期（3）による3要因の分散分析を行った。以下の分析における多重比較では，すべてRyan法を用いた。

1．学校集団の再編成にともなうストレス反応の変化

まず，身体反応得点の結果をFig. 6-1-2に示した。学校の主効果は有意ではなかった（$F(1,231)=2.40$, $n.s.$）。学年の主効果は有意であった（$F(1,231)=5.20$, $p<.05$）。調査時期の主効果は有意であった（$F(2,462)=8.87$, $p<.01$）。学

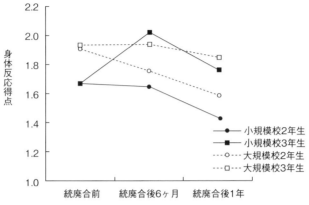

Fig. 6-1-2　学校集団の再編成にともなう身体的反応得点の変化

校×学年の交互作用は有意ではなかった（$F(1,231)=0.22$, $n.s.$）。学校×調査時期の交互作用は有意であった（$F(2,462)=3.39$, $p<.05$）。学年×調査時期の交互作用は有意であった（$F(2,462)=6.15$, $p<.01$）。学校×学年×調査時期の2次の交互作用は有意ではなかった（$F(2,462)=0.61$, $n.s.$）。

　学年×調査時期の交互作用が見られたため，単純主効果検定を行った結果，2年生における調査時期の効果（$F(2,462)=10.05$, $p<.01$）と3年生における調査時期の効果（$F(2,462)=4.97$, $p<.01$）が見られた。

　多重比較の結果，2年生の統廃合前の身体反応得点（$M=1.79$）は，統廃合後1年の身体反応得点（$M=1.51$）よりも高かった。2年生の統廃合後6ヶ月の身体反応得点（$M=1.71$）は，統廃合後1年の身体反応得点（$M=1.51$）よりも高かった。2年生の場合，統廃合によって身体的反応が低下していく傾向が見られた。

　3年生における調査時期の効果については，多重比較の結果，3年生の統廃合後6ヶ月の身体反応得点（$M=1.98$）は，統廃合前の身体反応得点（$M=1.80$）よりも高かった。3年生の統廃合後6ヶ月の身体反応得点（$M=1.98$）は，統廃合後1年の身体反応得点（$M=1.81$）よりも高かった。3年生の場合，統廃合後に身体反応得点が上昇した後，統廃合後1年にかけて身体反応得点が低下する山型に得点が推移する傾向が見られた。

　学校×調査時期の交互作用が見られたため，単純主効果検定を行った結果，

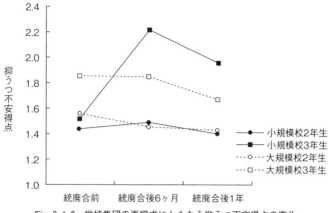

Fig. 6-1-3　学校集団の再編成にともなう抑うつ不安得点の変化

小規模校における調査時期の効果（$F(2,462) = 7.14$, $p<.01$）と大規模校における調査時期の効果（$F(2,462) = 5.11$, $p<.01$）が見られた。

多重比較の結果，小規模校の統廃合後6ヶ月の身体反応得点（$M=1.84$）は，統廃合前の身体反応得点（$M=1.67$）よりも高かった。小規模校の統廃合後6ヶ月の身体反応得点（$M=1.84$）は，統廃合後1年の身体反応得点（$M=1.60$）よりも高かった。小規模校の場合，統廃合後に身体反応得点が上昇した後，統廃合後1年にかけて身体反応得点が低下する山型に得点が推移する傾向が見られた。

大規模校における調査時期の効果については，統廃合前の身体反応得点（$M=1.92$）は，統廃合後1年の身体反応得点（$M=1.72$）よりも高かった。統廃合後6ヶ月の身体反応得点（$M=1.85$）は，統廃合後1年の身体反応得点（$M=1.72$）よりも高かった。大規模校の場合，統廃合後6ヶ月の時点では顕著な変化が見られないものの，統廃合後1年に身体反応が低下しており，全体としては身体反応得点が低下する傾向が見られた。

次に，抑うつ・不安得点の結果を Fig. 6-1-3 に示した。学校の主効果は有意ではなかった（$F(1,231) = 0.14$, $n.s.$）。学年の主効果は有意であった（$F(1,231) = 21.64$, $p<.01$）。調査時期の主効果は有意であった（$F(2,462) = 5.46$, $p<.01$）。学校×学年の交互作用は有意ではなかった（$F(1,231) = 0.74$, $n.s.$）。学校×調査

108　第3部　中学校生活における教師と生徒の関わり

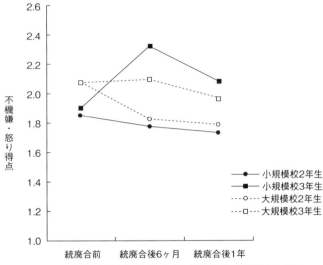

Fig. 6-1-4　学校集団の再編成にともなう不機嫌・怒り得点の変化

時期の交互作用は有意であった（$F(2,462)=10.03, p<.01$）。学年×調査時期の交互作用は有意であった（$F(2,462)=6.66, p<.01$）。学校×学年×調査時期の2次の交互作用は有意であった（$F(2,462)=4.50, p<.05$）。

　学校×学年×調査時期の2次の交互作用が有意であったため，単純交互作用の検定を行った。その結果，小規模校における学年×調査時期の単純交互作用が有意であった（$F(2,462)=10.58, p<.01$）。単純・単純主効果検定の結果，小規模校の3年生における調査時期の効果が見られた（$F(2,462)=23.59, p<.01$）。

　多重比較の結果，小規模校の3年生の統廃合後6ヶ月の抑うつ・不安得点（$M=2.22$）は，統廃合前の抑うつ・不安得点（$M=1.52$）よりも高かった。さらに小規模校の3年生の統廃合後1年の抑うつ・不安得点（$M=1.96$）は，統廃合前の抑うつ・不安得点（$M=1.52$）よりも高かった。小規模校出身の3年生は，統廃合によって抑うつ不安が上昇していることが明らかとなった。

　次に，不機嫌・怒り得点の結果を Fig. 6-1-4 に示した。学校の主効果は有意ではなかった（$F(1,231)=0.07, n.s.$）。学年の主効果は有意であった（$F(1,231)=6.07, p<.01$）。調査時期の主効果は有意ではなかった（$F(2,462)=1.87, n.s.$）。

第6章　学校集団の再編成における生徒の適応と生徒の適応を促す生徒指導　109

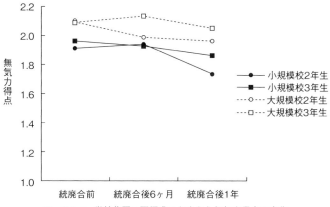

Fig. 6-1-5　学校集団の再編成にともなう無気力得点の変化

学校×学年の交互作用は有意ではなかった（$F(1,231)=0.68$, n.s.）。学校×調査時期の交互作用は有意であった（$F(2,462)=3.41$, $p<.05$）。学年×調査時期の交互作用（$F(2,462)=5.67$, $p<.01$）は有意であった。学校×学年×調査時期の2次の交互作用は有意ではなかった（$F(2,462)=0.57$, n.s.）。

学校×調査時期の交互作用が見られたため，単純主効果検定を行った結果，小規模校における調査時期の効果（$F(2,462)=2.61$, $p<.10$）と，大規模校における調査時期の効果（$F(2,462)=2.68$, $p<.10$）が見られたが，多重比較において有意な差は見られなかった。

学年×調査時期の交互作用が見られたため，単純主効果検定を行った結果，2年生における調査時期の効果（$F(2,462)=3.27$, $p<.05$）と，3年生における調査時期の効果（$F(2,462)=4.28$, $p<.05$）が見られた。多重比較の結果，2年生の統廃合前の不機嫌・怒り得点（$M=1.97$）は，統廃合後6ヶ月の不機嫌・怒り得点（$M=1.80$）よりも高かった。また，統廃合前の不機嫌・怒り得点（$M=1.97$）は，統廃合後1年の不機嫌・怒り得点（$M=1.76$）よりも高かった。2年生は，統廃合後に，不機嫌・怒り得点が低下していく傾向が見られた。

3年生の調査時期の効果については，多重比較の結果，統廃合後6ヶ月の不機嫌・怒り得点（$M=2.22$）は，統廃合前の不機嫌・怒り得点（$M=1.98$）よりも高かった。3年生は，統廃合後に不機嫌・怒り得点が上昇する結果が見られ

た。

最後に,無気力得点の結果を Fig. 6-1-5 に示した。学校の主効果が有意傾向 ($F(1,231) = 3.77, p < .06$) であったが,多重比較において有意な差は見られなかった。学年の主効果 ($F(1,231) = 0.50, n.s.$),調査時期の主効果 ($F(2,462) = 2.20, n.s.$),学校×学年の交互作用 ($F(1,231) = 0.01, n.s.$),学校×調査時期の交互作用 ($F(2,462) = 0.30, n.s.$),学年×調査時期の交互作用 ($F(2,462) = 0.35, n.s.$),学校×学年×調査時期の2次の交互作用 ($F(2,462) = 0.63, n.s.$),において有意な差は見られなかった。

以上より,学校集団の再編成にともなうストレス反応の変化は,抑うつ・不安において顕著に見られた。小規模校出身の3年生は,統廃合によって抑うつ・不安が上昇していることが明らかとなった。

2．学校集団の再編成にともなう学校享受感の変化

学校集団の再編成にともなう学校享受感の変化について,学校（2）×学年（2）×調査時期（3）による3要因の分散分析を行った。以下の分析における多重比較では,すべて Ryan 法を用いた。学校享受感得点を Fig. 6-1-6 に示した。

学校享受感得点において,学校の主効果は有意ではなかった（$F(1,231) = 0.10, n.s.$）。学年の主効果は有意ではなかった（$F(1,231) = 0.33, n.s.$）。調査時期の主効果は有意であった（$F(2,462) = 22.10, p < .01$）。学校×学年の交互作用

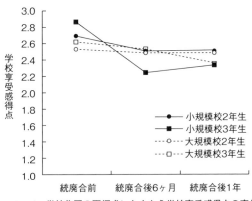

Fig. 6-1-6　学校集団の再編成にともなう学校享受感得点の変化

は有意ではなかった（$F(1,231)=0.31, n.s.$）。学校×調査時期の交互作用は有意であった（$F(2,462)=7.96, p<.01$）。学年×調査時期の交互作用は有意であった（$F(2,462)=6.97, p<.01$）。学校×学年×調査時期の2次の交互作用は有意であった（$F(2,462)=3.40, p<.05$）。

2次の交互作用が有意であったため，単純交互作用の検定を行った。その結果，小規模校における学年×調査時期の単純交互作用（$F(2,462)=8.08, p<.01$）が有意であった。

単純・単純主効果検定の結果，小規模校の3年生における調査時期の効果が見られた（$F(2,462)=32.34, p<.01$）。多重比較の結果，小規模校の3年生の統廃合前の学校享受感得点（$M=2.86$）は，統廃合後6ヶ月の学校享受感得点（$M=2.23$）よりも高かった。さらに小規模校の3年生における統廃合前の学校享受感得点（$M=2.86$）は，統廃合後1年の学校享受感得点（$M=2.33$）よりも高かった。

以上より，小規模校出身の3年生は，統廃合前の学校享受感得点が最も高く，統廃合後に学校享受感得点が低下していることから，統廃合によって，学校がつまらなくなったと感じていることが明らかとなった。

3．学校集団の再編成にともなう学校アイデンティティの変化

学校集団の再編成にともなう学校アイデンティティの変化について，学校（2）×学年（2）×調査時期（3）による3要因の分散分析を行った。以下の分析における多重比較では，すべてRyan法を用いた。学校アイデンティティ得点をFig. 6-1-7に示した。

学校アイデンティティ得点において，学校の主効果は有意ではなかった（$F(1,231)=0.09, n.s.$）。学年の主効果は有意ではなかった（$F(1,231)=0.39, n.s.$）。調査時期の主効果（$F(2,462)=28.62, p<.01$）は有意であった。学校×学年の交互作用は有意傾向であった（$F(1,231)=3.79, p<.10$）。学校×調査時期の交互作用は有意であった（$F(2,462)=4.97, p<.01$）。学年×調査時期の交互作用は有意であった（$F(2,462)=12.19, p<.01$）。学校×学年×調査時期の2次の交互作用は有意ではなかった（$F(2,462)=1.85, n.s.$）。

学校×調査時期の交互作用が見られたため，単純主効果検定を行った結果，

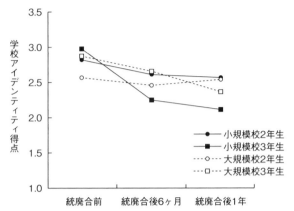

Fig. 6-1-7　学校集団の再編成にともなう学校アイデンティティ得点の変化

小規模校における調査時期の効果（$F(2,462)=28.30, p<.01$）と，大規模校における調査時期の効果（$F(2,462)=5.29, p<.01$）が見られた。多重比較の結果，小規模校出身の生徒の統廃合前の学校アイデンティティ得点（$M=2.89$）は，統廃合後6ヶ月の学校アイデンティティ得点（$M=2.44$）よりも高かった。さらに，小規模校出身の生徒の統廃合前の学校アイデンティティ得点（$M=2.89$）は，小規模校出身の生徒の統廃合後1年の学校アイデンティティ得点（$M=2.35$）よりも高かった。小規模校出身の生徒は，統廃合後に，学校アイデンティティ得点が低下しているため，統廃合によって，学校への所属意識が低下していくことが明らかとなった。

大規模校における調査時期の効果については，多重比較の結果，大規模校出身の生徒の統廃合前の学校アイデンティティ得点（$M=2.71$）は，大規模校出身の生徒の統廃合後6ヶ月の学校アイデンティティ得点（$M=2.56$）よりも高かった。大規模校出身の生徒の統廃合前の学校アイデンティティ得点（$M=2.71$）は，大規模校出身の生徒の統廃合後1年の学校アイデンティティ得点（$M=2.46$）よりも高かった。大規模校出身の生徒は，統廃合後に，学校アイデンティティ得点が低下しているため，統廃合によって，学校への所属意識が低下していくことが明らかとなった。

小規模校と大規模校において共通した結果が見られたため，学校の規模に関係なく，統廃合によって学校アイデンティティの低下が生じることが明らかと

なった。

　学年×調査時期の交互作用が見られたため，単純主効果検定を行った結果，3年生における調査時期の効果が見られた（$F(2,462)=38.63, p<.01$）。多重比較の結果，3年生の統廃合前の学校アイデンティティ得点（$M=2.91$）は，統廃合後6ヶ月の学校アイデンティティ得点（$M=2.46$）よりも高かった。そして，3年生の統廃合前の学校アイデンティティ得点（$M=2.91$）は，統廃合後1年の学校アイデンティティ得点（$M=2.25$）よりも高かった。さらに，3年生の統廃合後6ヶ月の学校アイデンティティ得点（$M=2.46$）は，統廃合後1年の学校アイデンティティ得点（$M=2.25$）よりも高かった。3年生は，統廃合によって，学校への所属意識が低下していることが明らかとなった。

　以上の分析から2つのことが明らかとなった。1つ目は，統廃合によって小規模校出身の生徒と大規模校出身の生徒の学校への所属意識が低下していた。2つ目は，統廃合によって3年生の学校への所属意識が低下していた。

4．学校集団の再編成にともなう学級の雰囲気の変化

　学校集団の再編成にともなう学級の雰囲気の変化について，学校（2）×調査時期（3）×学年（2）による3要因の分散分析を行った。以下の分析における多重比較では，すべて Ryan 法を用いた。学級の雰囲気得点を Fig. 6-1-8 に示した。学級の雰囲気得点において，学校の主効果は有意ではなかった（$F(1,231)$

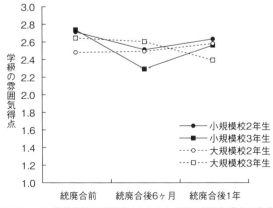

Fig. 6-1-8　学校集団の再編成にともなう学級の雰囲気得点の変化

$=0.54$, $n.s.$)。学年の主効果は有意ではなかった（$F(1,231)=0.29$, $n.s.$）。調査時期の主効果は有意であった（$F(2,462)=10.60$, $p<.01$）。学校×学年の交互作用は有意ではなかった（$F(1,231)=1.23$, $n.s.$）。学校×調査時期の交互作用は有意であった（$F(2,462)=9.65$, $p<.01$）。学年×調査時期の交互作用は有意であった（$F(2,462)=4.84$, $p<.01$）。学校×学年×調査時期の2次の交互作用（$F(2,462)=4.73$, $p<.01$）は有意であった。

2次の交互作用が有意であったため，単純交互作用の検定を行った。その結果，小規模校における学年×調査時期の単純交互作用（$F(2,462)=2.91$, $p<.06$）が有意傾向であった。さらに，大規模校における学年×調査時期の単純交互作用（$F(2,462)=6.66$, $p<.01$）が有意であった。

単純・単純主効果検定の結果，小規模校の2年生における調査時期の効果が見られた（$F(2,462)=3.56$, $p<.05$）。多重比較の結果，統廃合前の学級の雰囲気得点（$M=2.71$）は，小規模校の2年生の統廃合後6ヶ月の学級の雰囲気得点（$M=2.51$）よりも高かった。小規模校出身の2年生は，統廃合後に学級の雰囲気が低下したと感じていることが明らかとなった。

単純・単純主効果検定の結果，小規模校の3年生における調査時期の効果も見られた（$F(2,462)=18.45$, $p<.01$）。小規模校の3年生の統廃合前の学級の雰囲気得点（$M=2.73$）は，統廃合後6ヶ月の学級の雰囲気得点（$M=2.29$）よりも高かった。また，小規模校の3年生の統廃合後1年の学級の雰囲気得点（$M=2.56$）は，統廃合後6ヶ月の学級の雰囲気得点（$M=2.29$）よりも高かった。小規模校出身の3年生は，統廃合から6ヶ月後に学級の雰囲気得点が低下し，その後，統廃合から1年後にかけて学級の雰囲気得点が上昇するV字型の傾向が見られた。

単純・単純主効果検定の結果，大規模校の3年生の統廃合前の学級の雰囲気得点（$M=2.64$）は，統廃合後1年の学級の雰囲気得点（$M=2.39$）よりも高かった。大規模校の3年生の統廃合後6ヶ月の学級の雰囲気得点（$M=2.60$）は，統廃合後1年の学級の雰囲気得点（$M=2.39$）よりも高かった。大規模校出身の3年生は，統廃合後6ヶ月から統廃合後1年にかけて学級の雰囲気得点が低下していた。

小規模校出身の2年生と3年生は，統廃合直後は，学級の雰囲気が悪くなっ

たと感じていることが明らかとなった。一方，大規模校出身の3年生は，統廃合後6ヶ月から1年後にかけて学級の雰囲気が悪くなったと感じていることが明らかとった。

学級の雰囲気に対する統廃合の影響は，小規模校出身の2,3年生において顕著に見られた。小規模校出身の2,3年生の生徒は，統廃合直後は学級の雰囲気が悪くなっており，学級の荒れのような状態になっていると感じていることが明らかとなった。

5．学校集団の再編成にともなう対人関係の変化

学校集団の再編成にともなう教師関係と友人関係の変化について，学校（2）×調査時期（3）×学年（2）による3要因の分散分析を行った。以下の分析における多重比較では，すべてRyan法を用いた。

教師関係の得点をFig.6-1-9に示した。教師関係の得点において，学校の主効果は有意傾向であった（$F(1,231)=3.65, p<.06$）。学年の主効果は有意ではなかった（$F(1,231)=1.24, n.s.$）。調査時期の主効果は有意ではなかった（$F(2,462)=0.96, n.s.$）。学校×学年の交互作用は有意ではなかった（$F(1,231)=2.15, n.s.$）。学校×調査時期の交互作用は有意ではなかった（$F(2,462)=1.40, n.s.$）。学年×調査時期の交互作用は有意ではなかった（$F(2,462)=2.97, n.s.$）。学校×学年×調査時期の2次の交互作用は有意ではなかった（$F(2,462)=0.49,$

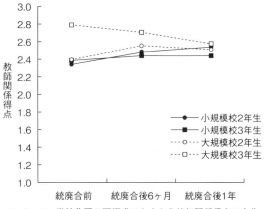

Fig. 6-1-9　学校集団の再編成にともなう教師関係得点の変化

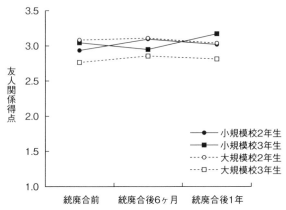

Fig. 6-1-10　学校集団の再編成にともなう友人関係得点の変化

$n.s.$)。

　友人関係の得点を Fig. 6-1-10 に示した。友人関係の得点において，学校の主効果は有意ではなかった（$F(1,231)=1.48$, $n.s.$）。学年の主効果は有意ではなかった（$F(1,231)=2.15$, $n.s.$）。調査時期の主効果は有意ではなかった（$F(2,462)=1.24$, $n.s.$）。学校×学年の交互作用は有意傾向であった（$F(1,231)=3.53$, $p<.06$）。学校×調査時期の交互作用は有意ではなかった（$F(2,462)=1.19$, $n.s.$）。学年×調査時期の交互作用は有意ではなかった（$F(2,462)=1.20$, $n.s.$）。学校×学年×調査時期の2次の交互作用は有意ではなかった（$F(2,462)=1.84$, $n.s.$）。学校×学年の交互作用が有意傾向であったが，多重比較においては有意な差は見られなかった。

考　察

1．統廃合が中学生の心理と行動に与える影響

　学校集団の再編成の前後を比較することにより，ストレス反応，学校享受感，学校アイデンティティ，クラスの雰囲気，対人関係がどのように変化するのかを，学校統廃合を実施した小規模校と大規模校の結果をもとに検討した。その結果，学校統廃合をした学校のうち，小規模校の生徒において統廃合の影響と推測される顕著な変化が見られ，学校集団の再編成によってストレス反応の上昇，学校享受感の低下，学校への所属感の低下，クラスの雰囲気の悪化を感じ

ていることが明らかとなった。

　特に，〈小規模校出身の３年生〉において学校集団の再編成の顕著な影響が見られた。具体的には，学校集団の再編成により〈小規模校出身の３年生〉は，抑うつ・不安といったストレス反応が高まり，学校をつまらないものとして感じていた。また，学級の雰囲気は悪くなったと評価しており，学校集団の再編成直後の学級では，集団の荒れのような状態にあると考えられた。この学級の雰囲気の低下については，〈小規模校出身の２年生〉においても同様の結果が見られた。学校へのアイデンティティにおいては，小規模校の生徒の学校アイデンティティの低下と３年生の学校アイデンティティの低下が見られ，小規模校の生徒，もしくは３年生は学校への所属意識が低下していた。

　〈小規模校出身の３年生〉は，学校集団の再編成によって大きく学校環境が変化した中で，中学３年の１年間だけを過ごし，卒業した学年である。２年間慣れ親しんだ環境が，学校統廃合によって突然大きく変化するため，学校集団の再編成の影響を顕著に感じるのは，〈小規模校出身の３年生〉であることが推測される。

　今回調査では，学校集団の再編成が行われた統廃合後の校舎は，小規模校の校舎を使用していた。統廃合によって通学時間延長など，環境の変化が生じる（村田・中村・木下，1993）。今回のケースでは特に，大規模校の生徒は通学時間や新しい校舎など統廃合後の環境の変化に対応しなければならない。環境面の変化から考えれば，大規模校出身の生徒の方が，心理的負担をともなうと考えられる。しかし，統廃合による心理的変化は，小規模校出身の生徒においてより顕著であった。岡本（2007）は，集団アイデンティティの高い既存集団に外集団が参入すると，既存集団は外集団の参入を脅威と感じ，既存集団の影響力が低下したと認知することを明らかにしている。小規模校の３年生は，２年間慣れ親しんだ校舎に大規模校の生徒が参入してきたことを脅威と感じ，それによってストレスの上昇や学校享受感の低下，学校アイデンティティの低下が見られたと推測される。つまり小規模校の校舎を使用することは，大規模校の生徒の参入に対して小規模の３年生が抱く脅威を助長したと考えられる。今後，集団の既存と参入という構造も視野に入れて学校統廃合に関する研究を蓄積する必要があるだろう。

2．学校集団の再編成が学級の集団に与える影響

　学校統廃合は2つの学校が統合される。今回の調査を行ったケースでは，事前に生徒間で交流する機会は設けられていなかった。異なる学校文化で生活を送ってきた生徒同士が出会うことにより生徒集団に変化が生じ，学級の荒れといった集団レベルの問題行動が生じることが予想された。本研究の結果では，小規模校の2，3年生は統廃合によって学級の雰囲気が悪くなったと感じており，小規模校の生徒にとって統廃合後の学級は荒れていると評価されていることが推測される。学校集団の再編成により，学級の荒れといった集団レベルの問題行動が増加することが明らかとなった。学校集団の再編成直後の学校では，生徒個人レベルだけでなく，学級や学校といった集団を意識した生徒指導も求められると言えるだろう。

　学校の再編成過程を経験することで，生徒は心理的な負担を感じていることが明らかとなった。生徒の心理的負担を軽減するために，教師は生徒にどのような関わりをすればよいのだろうか。次の2節では，学校の再編成過程における，生徒指導と生徒の心理的変化の関係を検討する。そして，生徒の心理的負担を軽減する生徒指導を明らかにしていく。

第2節　環境移行を経験する中学生の心理的負担を軽減する生徒指導（研究7）

目　的

　第1節では，学校統廃合という現象を扱い，学校集団の再編成とそれを経験する生徒の関係を1年間にわたる縦断調査から検討してきた。その結果，学校の再編成を経験した生徒は，ストレス反応の上昇，学校享受感の低下，学校への所属意識の低下，クラスの雰囲気の悪化を感じていることが明らかとなった。

　第2節では，学校統廃合にともなって生じる生徒のネガティブな心理的変化と生徒指導の関係を検討する。そして，学校統廃合という危機的な環境移行を経験している生徒に対し，教師はどのように生徒と関わっていけばよいのかを明らかにする。

第6章 学校集団の再編成における生徒の適応と生徒の適応を促す生徒指導　119

　まず学校統廃合による学校集団の再編成過程において，教師の生徒指導を生徒がどのように認識しているのかをクラスター分析によって明らかにする。クラスター分析によって分類された生徒指導タイプ別に，学校集団の再編成過程における心理的変化を検討する。そして，学校集団の再編成において，生徒の心理的負担を軽減する生徒指導タイプを検討していく。

方　　法

1．調査デザインと調査時期
　第6章第1節と同じ。

2．調査対象
　第6章第1節と同じ。

3．分析項目の構成
　第6章第1節の項目に，第4章第3節で構成された生徒に対する教師の関わり尺度を加え，分析を行った。

結　　果

1．生徒指導タイプの分析
　学校統廃合にともなう学校集団の再編成過程の1年間において，教師の生徒指導を生徒がどのように評価しているのかを明らかにするために，3つの地点における能動的関わりと事後的関わりの変数，計6つを投入変数（Ward法，平方ユークリッド距離）として扱い，クラスター分析を行った。いくつかのクラスターを抽出し，各クラスターに分類される配点の特徴，人数などを考慮しながら最適と思われる4つのクラスターに分類した結果を採用した。能動的関わりと事後的な関わりへの配点を，平均を0，標準偏差1になるように標準化してグラフを作成した（Fig.6-2-1）。
　第1クラスターは，能動的関わりと事後的関わりの6つすべての得点には変動があるものの，概ね平均値に近い値をとっている。特徴としては，統廃合前の能動的関わりと事後的関わりが平均よりも高く，統廃合後6ヶ月と統廃合後1

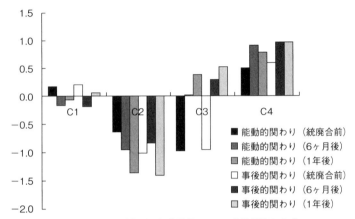

Fig. 6-2-1 学校集団再編成過程における生徒指導タイプ

年は，統廃合前の得点よりも低い傾向にある。そこで，再編成後生徒指導低下群と命名した。この群は，106名の生徒から構成されていた。

　第2クラスターは，学校統廃合前，統廃合後6ヶ月，統廃合後1年の3つすべての地点において，能動的関わりと事後的関わりの得点が平均よりも低い特徴を持ち，時間の経過とともに得点が低下していく。統廃合後1年時における能動的関わりと事後的関わりの得点は，4つのクラスターの中で最も低い。そこで，生徒指導低水準群と命名した。この群は，40名の生徒から構成されていた。

　第3クラスターは，学校統廃合前は，能動的関わりと事後的関わりの両方が平均よりも低い。統廃合前の能動的関わりの得点は，4つのクラスターの中で最も低い。統廃合前の事後的関わりの得点は，第2クラスターとほぼ同じ水準である。しかし，時間を経過するごとに，能動的関わりと事後的関わりの両方の得点が上昇しており，学校統廃合から1年後の時点においては能動的関わりと事後的な関わりは，どちらも平均よりも高い得点となっている。時間の経過とともに生徒指導得点は上昇しているものの，統廃合後1年時における能動的関わりと事後的関わりの得点は，第4クラスターの得点には及ばない。そこで，再編成後生徒指導上昇群と命名した。この群は，33名の生徒から構成されていた。

　第4クラスターは，学校統廃合前，学校統廃合から6ヶ月後，学校統廃合か

ら1年後の3つすべての地点において，能動的関わりと事後的関わりの両方が平均よりも高い特徴を持ち，時間の経過とともに得点が上昇していく。また，能動的関わりと事後的関わりの得点は，他の3つのクラスターよりも常に高い得点となっている。そこで，生徒指導高水準群と命名した。この群は，56名の生徒から構成されていた。

2．学校集団の再編成過程における生徒指導が学校適応に与える影響

統廃合前に所属していた学校の規模，生徒指導タイプ，調査時期の3つの要因によって，学校適応に関する変数に違いが見られるのかを検討するため，学校の規模（2）×生徒指導タイプ（4）×調査時期（3）の分散分析を行った。

以下の分析で行った多重比較に関しては，すべてRyan法を用いた。

3．生徒指導タイプとストレス

学校集団の再編成過程における身体反応の得点を4つの生徒指導タイプごとに示した（Fig.6-2-2）。

学校の主効果は有意であった（$F(1,227)=4.08, p<.05$）。生徒指導タイプの主効果は有意ではなかった（$F(3,227)=1.77, n.s.$）。調査時期の主効果は有意であった（$F(2,454)=10.03, p<.01$）。学校×生徒指導タイプの交互作用は有意傾向であった（$F(3,227)=2.24, p<.10$）。学校×調査時期の交互作用は有意ではなかった（$F(2,454)=2.07, n.s.$）。生徒指導タイプ×調査時期の交互作用は有意ではなかった（$F(6,454)=0.61, n.s.$）。学校×生徒指導タイプ×調査時期の交互作用は有意傾向であった（$F(6,454)=1.99, p<.10$）。

多重比較において有意な差が認められたのは，調査時期においてのみであり，統廃合前（$M=1.85$）よりも統廃合後1年（$M=1.65$）の得点が低く，統廃合後6ヶ月（$M=1.84$）よりも統廃合後1年（$M=1.65$）の得点が低かった。

身体反応においては，生徒指導タイプの効果は見られなかった。

学校集団の再編成過程における抑うつ・不安の得点を4つの生徒指導タイプごとに示した（Fig.6-2-3）。

学校の主効果は有意ではなかった（$F(1,227)=0.08, n.s.$）。生徒指導タイプの主効果は有意ではなかった（$F(3,227)=1.75, n.s.$）。調査時期の主効果は有

122　第3部　中学校生活における教師と生徒の関わり

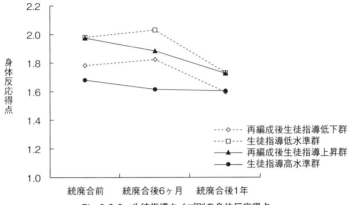

Fig. 6-2-2　生徒指導タイプ別の身体反応得点

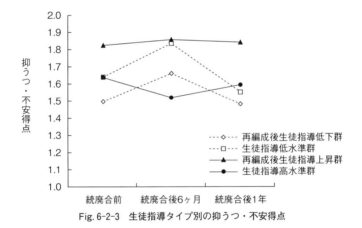

Fig. 6-2-3　生徒指導タイプ別の抑うつ・不安得点

意傾向であった（$F(2,454)=2.80, p<.10$）。学校×生徒指導タイプの交互作用は有意であった（$F(3,227)=3.13, p<.05$）。学校×調査時期の交互作用は有意であった（$F(2,454)=7.20, p<.01$）。生徒指導タイプ×調査時期の交互作用は有意ではなかった（$F(6,454)=0.81, n.s.$）。学校×生徒指導タイプ×調査時期の交互作用は有意傾向ではなかった（$F(6,454)=1.22, n.s.$）。

学校×生徒指導タイプの交互作用が有意であったため、単純主効果検定を行った。その結果、生徒指導低水準群における学校の主効果が有意であった（$F(1,227)=6.89, p<.01$）。しかし、多重比較の結果では有意な差は見られなか

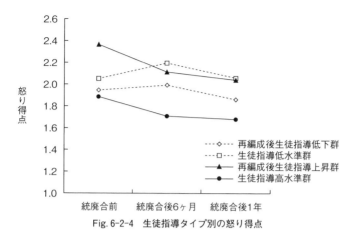

Fig. 6-2-4 生徒指導タイプ別の怒り得点

った。

　学校×調査時期の交互作用が有意であったため，単純主効果検定を行った。その結果，小規模校における調査時期の主効果が有意であった（$F(2,454) = 8.05, p<.01$）。多重比較の結果，小規模校の生徒における統廃合前の得点（$M = 1.50$）よりも統廃合後6ヶ月の得点（$M = 1.82$）の得点が高かった。

　抑うつ不安においては，生徒指導タイプの効果は見られなかった。

　学校集団の再編成過程における怒りの得点を4つの生徒指導タイプごとに示した（Fig. 6-2-4）。

　学校の主効果は有意ではなかった（$F(1,227) = 1.05, n.s.$）。生徒指導タイプの主効果は有意であった（$F(3,227) = 3.28, p<.05$）。調査時期の主効果は有意ではなかった（$F(2,454) = 2.25, n.s.$）。学校×生徒指導タイプの交互作用は有意ではなかった（$F(3,227) = 0.23, n.s.$）。学校×調査時期の交互作用は有意ではなかった（$F(2,454) = 1.99, n.s.$）。生徒指導タイプ×調査時期の交互作用は有意ではなかった（$F(6,454) = 1.07, n.s.$）。学校×生徒指導タイプ×調査時期の交互作用は有意ではなかった（$F(6,454) = 0.67, n.s.$）。

　生徒指導タイプに関する多重比較の結果，再編成後生徒指導上昇群の怒り得点（$M = 2.17$）は，生徒指導高水準群の得点（$M = 1.75$）よりも高かった。

　学校集団の再編成過程における無気力の得点を4つの生徒指導タイプごとに示した（Fig. 6-2-5）。

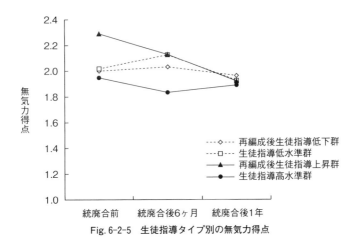

Fig. 6-2-5　生徒指導タイプ別の無気力得点

　学校の主効果は有意ではなかった（$F(1,227)=3.60$, n.s.）。生徒指導タイプの主効果は有意ではなかった（$F(3,227)=0.84$, n.s.）。調査時期の主効果は有意であった（$F(2,454)=4.07$, $p<.01$）。学校×生徒指導タイプの交互作用は有意ではなかった（$F(3,227)=1.41$, n.s.）。学校×調査時期の交互作用は有意ではなかった（$F(2,454)=0.04$, n.s.）。生徒指導タイプ×調査時期の交互作用は有意ではなかった（$F(6,454)=1.31$, n.s.）。学校×生徒指導タイプ×調査時期の交互作用は有意ではなかった（$F(6,454)=0.45$, n.s.）。

　調査時期に関する多重比較の結果，統廃合前の無気力得点（$M=2.06$）は，統廃合後1年の得点（$M=1.91$）よりも高かった。統廃合後6ヶ月の無気力得点（$M=2.02$）は，統廃合後1年の得点（$M=1.91$）よりも高かった。

　無気力においては，生徒指導タイプの効果は見られなかった。

4．生徒指導とストレスに関する結果のまとめ

　身体反応，抑うつ不安，怒り，無気力の4つのストレスに関しては，学校の再編成過程にともなう生徒指導による変化は見られなかった。

5．生徒指導タイプと学校享受感

　学校集団の再編成過程における学校享受感の得点を4つの生徒指導タイプご

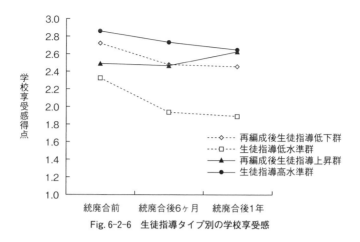

Fig. 6-2-6　生徒指導タイプ別の学校享受感

とに示した（Fig. 6-2-6）。

学校の主効果は有意ではなかった（$F(1,227) = 0.83$, n.s.）。生徒指導タイプの主効果は有意であった（$F(3,227) = 14.32$, $p<.01$）。調査時期の主効果は有意であった（$F(2,454) = 12.21$, $p<.01$）。学校×生徒指導タイプの交互作用は有意ではなかった（$F(3,227) = 0.53$, n.s.）。学校×調査時期の交互作用は有意であった（$F(2,454) = 4.93$, $p<.01$）。生徒指導タイプ×調査時期の交互作用は有意であった（$F(6,454) = 3.69$, $p<.01$）。学校×生徒指導タイプ×調査時期の交互作用は有意ではなかった（$F(6,454) = 1.23$, n.s.）。

生徒指導タイプ×調査時期の交互作用が有意であったため，単純主効果検定を行った。「再編成後生徒指導低下群」における調査時期の効果（$F(2,454) = 5.13$, $p<.01$）と，「生徒指導低水準群」における調査時期の効果（$F(2,454) = 13.94$, $p<.01$）が見られた。

再編成後生徒指導低下群の多重比較の結果

多重比較の結果，再編成後生徒指導低下群の統廃合前の得点（$M=2.72$）よりも統廃合後6ヶ月の得点（$M=2.48$）は低かった。また，統廃合前の得点（$M=2.72$）よりも統廃合後1年の得点（$M=2.46$）の得点は低かった。再編成後生徒指導低下群は，学校統廃合による学校集団の再編成によって，学校享受感

が低下することが明らかとなった。

生徒指導低水準群の多重比較の結果

多重比較の結果，生徒指導低水準群の統廃合前の得点（$M=2.33$）よりも統廃合後6ヶ月の得点（$M=1.94$）は低かった。また，統廃合前の得点（$M=2.33$）よりも統廃合後1年の得点（$M=1.89$）の得点は低かった。生徒指導低水準群は，学校統廃合による学校集団の再編成によって，学校享受感が低下することが明らかとなった。

さらに単純主効果検定の結果，統廃合前の時点における生徒指導タイプの主効果（$F(3,681)=6.18, p<.01$），統廃合後6ヶ月時点における生徒指導タイプの主効果（$F(3,681)=12.60, p<.01$），統廃合後1年における生徒指導タイプの主効果（$F(3,681)=14.27, p<.01$）が見られた。

統廃合前の時点における多重比較の結果

多重比較の結果，生徒指導高水準群の得点（$M=2.85$）は，生徒指導低水準群の得点（$M=2.32$）よりも高かった。また，生徒指導高水準の得点（$M=2.85$）は，再編成後生徒指導上昇群の得点（$M=2.50$）よりも高かった。再編成後生徒指導低下群の得点（$M=2.72$）は，生徒指導低水準群の得点（$M=2.32$）よりも高かった。

統廃合後6ヶ月の時点における多重比較の結果

多重比較の結果，生徒指導高水準群の得点（$M=2.73$）は，生徒指導低水準群の得点（$M=1.94$）よりも高かった。再編成後生徒指導低下群の得点（$M=2.48$）は，生徒指導低水準群の得点（$M=1.94$）よりも高かった。再編成後生徒指導上昇群の得点（$M=2.47$）は，生徒指導低水準群の得点（$M=1.94$）よりも高かった。

統廃合後1年の時点における多重比較の結果

多重比較の結果，生徒指導高水準群の得点（$M=2.65$）は，生徒指導低水準群の得点（$M=1.89$）よりも高かった。再編成後生徒指導低下群の得点（$M=$

2.46）は，生徒指導低水準群の得点（$M=1.89$）よりも高かった。再編成後生徒指導上昇群の得点（$M=2.63$）は，生徒指導低水準群の得点（$M=1.89$）よりも高かった。

6．生徒指導タイプと学校享受感に関する結果のまとめ

再編成後生徒指導低下群と生徒指導低水準群の2つは，学校集団の再編成によって，学校享受感が低下していた。

再編成後生徒指導上昇群と他3つの群の比較からは，以下のことが明らかとなった。

統廃合前の時点において，再編成後生徒指導上昇群は生徒指導高水準群よりも得点が低かった。また，再編成後生徒指導上昇群と生徒指導低水準群との間に差は見られなかった。しかし，統廃合後6ヶ月の時点と統廃合後1年の時点において，再編成後生徒指導上昇群と生徒指導低水準群の関係，再編成後生徒指導上昇群と生徒指導高水準群の関係が変化していた。

統廃合後6ヶ月以降，再編成後生徒指導上昇群と生徒指導高水準群の差はなくなっており，統廃合後1年においては，再編成後生徒指導上昇群と生徒指導高水準群の得点はほぼ同水準となっている。一方，統廃合後6ヶ月以降，再編成後生徒指導上昇群は，生徒指導低水準群よりも得点が高くなっており，統廃合後1年においては，再編成後生徒指導上昇群と生徒指導低水準群の得点の差は大きくなっている。

生徒指導高水準群と生徒指導低水準群と比較しながら見たときに，再編成後生徒指導上昇群は，学校集団の再編成を経験しても学校享受感を一定の水準で維持できる可能性が示唆された。

7．生徒指導タイプと学校アイデンティティ

学校集団の再編成過程における学校アイデンティティの得点を4つの生徒指導タイプごとに示した（Fig.6-2-7）。

学校の主効果は有意ではなかった（$F(1,227)=1.14$, $n.s.$）。生徒指導タイプの主効果は有意であった（$F(3,227)=19.64$, $p<.01$）。調査時期の主効果は有意であった（$F(2,454)=16.37$, $p<.01$）。学校×生徒指導タイプの交互作用は有意

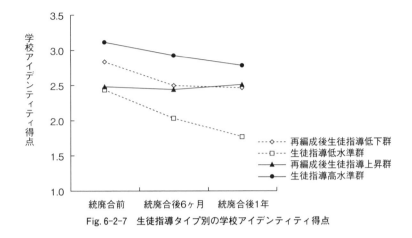

Fig. 6-2-7　生徒指導タイプ別の学校アイデンティティ得点

ではなかった（$F(3,227)=0.74$, n.s.）。学校×調査時期の交互作用は有意であった（$F(2,454)=3.17$, $p<.05$）。生徒指導タイプ×調査時期の交互作用は有意であった（$F(6,454)=2.89$, $p<.01$）。学校×生徒指導タイプ×調査時期の交互作用は有意ではなかった（$F(6,454)=0.36$, n.s.）。

　生徒指導タイプ×調査時期の交互作用が有意であったため，単純主効果検定を行った。「再編成後生徒指導低下群」における調査時期の効果（$F(2,454)=5.88$, $p<.01$），「生徒指導低水準群」における調査時期の効果（$F(2,454)=15.26$, $p<.01$），「生徒指導高水準群」における調査時期の効果（$F(2,454)=3.74$, $p<.01$），が見られた。

再編成後生徒指導低下群の多重比較の結果

　多重比較の結果，再編成後生徒指導低下群の統廃合前の得点（$M=2.84$）よりも統廃合後6ヶ月の得点（$M=2.50$）は低かった。また，統廃合前の得点（$M=2.84$）よりも統廃合後1年の得点（$M=2.47$）の得点は低かった。再編成後生徒指導低下群は，学校統廃合による学校集団の再編成によって，学校アイデンティティが低下することが明らかとなった。

生徒指導低水準群の多重比較の結果

　多重比較の結果，生徒指導低水準群の統廃合前の得点（$M=2.43$）よりも統

廃合後 6 ヶ月の得点（$M=2.03$）は低かった。また，生徒指導低水準群の統廃合前の得点（$M=2.43$）よりも統廃合後 1 年の得点（$M=1.77$）は低かった。生徒指導低水準群は，学校統廃合による学校集団の再編成によって，学校アイデンティティが低下することが明らかとなった。

生徒指導高水準群の多重比較の結果

多重比較の結果，生徒指導高水準群の統廃合前の得点（$M=3.11$）よりも統廃合後 1 年の得点（$M=2.78$）の得点は低かった。生徒指導高水準群は，学校統廃合による学校集団の再編成直後の統廃合後 6 ヶ月においては得点の低下が見られないものの，統廃合後 1 年の時点においては，学校アイデンティティが低下することが明らかとなった。

さらに単純主効果検定の結果，統廃合前の時点における生徒指導タイプの主効果（$F(3,681)=8.97, p<.01$），統廃合後 6 ヶ月時点における生徒指導タイプの主効果（$F(3,681)=11.70, p<.01$），統廃合後 1 年における生徒指導タイプの主効果（$F(3,681)=16.68, p<.01$）が見られた。

統廃合前の時点における多重比較の結果

多重比較の結果，生徒指導高水準群の得点（$M=3.11$）は，再編成後生徒指導低下群の得点（$M=2.84$）よりも高かった。生徒指導高水準群の得点（$M=3.11$）は，生徒指導低水準群の得点（$M=2.43$）よりも高かった。生徒指導高水準の得点（$M=3.11$）は，再編成後生徒指導上昇群の得点（$M=2.49$）よりも高かった。再編成後生徒指導低下群の得点（$M=2.84$）は，生徒指導低水準群の得点（$M=2.43$）よりも高かった。再編成後生徒指導低下群の得点（$M=2.84$）は，再編成後生徒指導上昇群の得点（$M=2.49$）よりも高かった。

統廃合後 6 ヶ月の時点における多重比較の結果

多重比較の結果，生徒指導高水準群の得点（$M=2.92$）は，再編成後生徒指導低下群の得点（$M=2.50$）よりも高かった。生徒指導高水準群の得点（$M=2.92$）は，生徒指導低水準群の得点（$M=2.03$）よりも高かった。生徒指導高水準の得点（$M=2.92$）は，再編成後生徒指導上昇群の得点（$M=2.45$）よりも

高かった。再編成後生徒指導低下群の得点（$M=2.50$）は，生徒指導低水準群の得点（$M=2.03$）よりも高かった。再編成後生徒指導上昇群の得点（$M=2.45$）は，生徒指導低水準群の得点（$M=2.03$）よりも高かった。

統廃合後1年の時点における多重比較の結果

多重比較の結果，生徒指導高水準群の得点（$M=2.78$）は，再編成後生徒指導低下群の得点（$M=2.47$）よりも高かった。生徒指導高水準群の得点（$M=2.78$）は，生徒指導低水準群の得点（$M=1.77$）よりも高かった。再編成後生徒指導低下群の得点（$M=2.47$）は，生徒指導低水準群の得点（$M=1.77$）よりも高かった。再編成後生徒指導上昇群の得点（$M=2.52$）は，生徒指導低水準群の得点（$M=1.77$）よりも高かった。

8．生徒指導タイプと学校アイデンティティに関する結果のまとめ

再編成後生徒指導低下群と生徒指導低水準群は，統廃合後6ヶ月の時点で学校アイデンティティが低下していた。再編成後生徒指導低下群と生徒指導低水準群は，学校統廃合を経験することにより学校アイデンティティが低下し，学校への所属意識が低くなっていることが明らかとなった。

再編成後生徒指導上昇群と他3つの群との比較から，以下のことが明らかとなった。

統廃合前の時点において，再編成後生徒指導上昇群は生徒指導高水準群よりも得点が低かった。また，再編成後生徒指導上昇群は再編成後生徒指導低下群よりも得点が低かった。さらに，再編成後生徒指導上昇群と生徒指導低水準群との間に得点の差は見られなかった。しかし，統廃合後6ヶ月の時点と統廃合後1年の時点において，再編成後生徒指導上昇群と再編成後生徒指導低下群の関係，再編成後生徒指導上昇群と生徒指導低水準群の関係，再編成後生徒指導上昇群と生徒指導高水準群の関係が変化している。統廃合後6ヶ月の時点において，再編成後生徒指導上昇群と再編成後生徒指導低下群との差はなくなった。一方，統廃合後6ヶ月の時点において，再編成後生徒指導上昇群は，生徒指導低水準群よりも得点が高くなっていた。さらに，統廃合後1年の時点において，再編成後生徒指導上昇群と生徒指導高水準群との差はなくなった。他の3つの

群との比較からみたときに，再編成後生徒指導上昇群は，学校集団の再編成を経験しても学校アイデンティティを一定の水準で維持できる可能性が示唆された。

9．生徒指導タイプと学級の雰囲気

学校集団の再編成過程における学級の雰囲気の得点を4つの生徒指導タイプごとに示した（Fig. 6-2-8）。

学校の主効果は有意ではなかった（$F(1,227)=2.92, n.s.$）。生徒指導タイプの主効果は有意であった（$F(3,227)=16.57, p<.01$）。調査時期の主効果は有意であった（$F(2,454)=7.41, p<.01$）。学校×生徒指導タイプの交互作用は有意ではなかった（$F(3,227)=0.45, n.s.$）。学校×調査時期の交互作用は有意であった（$F(2,454)=5.74, p<.01$）。生徒指導タイプ×調査時期の交互作用は有意ではなかった（$F(6,454)=1.25, n.s.$）。学校×生徒指導タイプ×調査時期の交互作用は有意ではなかった（$F(6,454)=0.85, n.s.$）。

学校×調査時期の交互作用が有意であったため，単純主効果検定を行った。その結果，小規模校における調査時期の主効果が有意であった（$F(2,454)=12.82, p<.01$）。多重比較の結果，統廃合前の学級の雰囲気得点（$M=2.71$）は，統廃合後6ヶ月の得点（$M=2.42$）よりも高かった。統廃合後1年の学級の雰囲気得点（$M=2.61$）は，統廃合後6ヶ月の得点（$M=2.42$）よりも高かった。

学級の雰囲気においては，生徒指導タイプの効果は見られなかった。

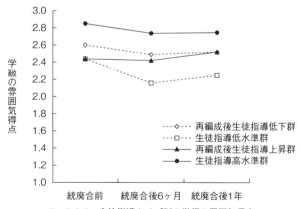

Fig. 6-2-8　生徒指導タイプ別の学級の雰囲気得点

10. 生徒指導タイプと対人関係

学校集団の再編成過程における教師関係の得点と友人関係の得点を4つの生徒指導タイプ別に比較した。

まず，学校集団の再編成過程における教師関係の得点を4つの生徒指導タイプごとに示した（Fig. 6-2-9）。

学校の主効果は有意ではなかった（$F(1,227)=1.29$, n.s.）。生徒指導タイプの主効果は有意であった（$F(3,227)=45.84$, $p<.01$）。調査時期の主効果は有意であった（$F(2,454)=4.24$, $p<.05$）。学校×生徒指導タイプの交互作用は有意ではなかった（$F(3,227)=0.82$, n.s.）。学校×調査時期の交互作用は有意ではなかった（$F(2,454)=1.03$, n.s.）。生徒指導タイプ×調査時期の交互作用は有意であった（$F(6,454)=6.53$, $p<.01$）。学校×生徒指導タイプ×調査時期の交互作用は有意ではなかった（$F(6,454)=0.28$, n.s.）。

生徒指導タイプ×調査時期の交互作用が有意であったため，単純主効果検定を行った。「再編成後生徒指導上昇群」における調査時期の効果（$F(2,454)=18.59$, $p<.01$），「生徒指導高水準群」における調査時期の効果（$F(2,454)=3.16$, $p<.01$）が見られた。

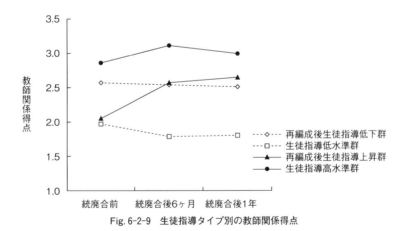

Fig. 6-2-9　生徒指導タイプ別の教師関係得点

再編成後生徒指導上昇群の多重比較の結果

多重比較の結果，再編成後生徒指導上昇群の統廃合前の得点（$M=2.05$）よ

りも統廃合後6ヶ月の得点（$M=2.57$）は高かった。また，統廃合前の得点（$M=2.05$）よりも統廃合後1年の得点（$M=2.66$）の得点は高かった。再編成後生徒指導上昇群は，学校統廃合前後の時間の経過とともに，教師関係が良くなることが明らかとなった。

生徒指導高水準群の多重比較の結果

多重比較の結果，生徒指導高水準群の統廃合前の得点（$M=2.86$）よりも統廃合後6ヶ月の得点（$M=3.13$）は高かった。生徒指導高水準群は，学校集団再編成後の6ヶ月時において，教師関係が良くなることが明らかとなった。

さらに単純主効果検定の結果，統廃合前の時点における生徒指導タイプの主効果（$F(3,681)=20.38, p<.01$），統廃合後6ヶ月時点における生徒指導タイプの主効果（$F(3,681)=34.87, p<.01$），統廃合後1年における生徒指導タイプの主効果（$F(3,681)=29.86, p<.01$）が見られた。

統廃合前の時点における多重比較の結果

多重比較の結果，生徒指導高水準群の得点（$M=2.86$）は，再編成後生徒指導低下群の得点（$M=2.56$）よりも高かった。生徒指導高水準群の得点（$M=2.86$）は，生徒指導低水準群の得点（$M=1.96$）よりも高かった。生徒指導高水準の得点（$M=2.86$）は，再編成後生徒指導上昇群の得点（$M=2.05$）よりも高かった。再編成後生徒指導低下群の得点（$M=2.56$）は，生徒指導低水準群の得点（$M=1.96$）よりも高かった。再編成後生徒指導低下群の得点（$M=2.56$）は，再編成後生徒指導上昇群の得点（$M=2.05$）よりも高かった。

統廃合後6ヶ月の時点における多重比較の結果

多重比較の結果，生徒指導高水準群の得点（$M=3.13$）は，再編成後生徒指導低下群の得点（$M=2.53$）よりも高かった。生徒指導高水準群の得点（$M=3.13$）は，生徒指導低水準群の得点（$M=1.78$）よりも高かった。生徒指導高水準の得点（$M=3.13$）は，再編成後生徒指導上昇群の得点（$M=2.57$）よりも高かった。再編成後生徒指導低下群の得点（$M=2.53$）は，生徒指導低水準群の得点（$M=1.78$）よりも高かった。再編成後生徒指導上昇群の得点（$M=$

2.57)は，生徒指導低水準群の得点（$M=1.78$）よりも高かった。

統廃合後1年の時点における多重比較の結果

多重比較の結果，生徒指導高水準群の得点（$M=3.00$）は，再編成後生徒指導低下群の得点（$M=2.51$）よりも高かった。生徒指導高水準群の得点（$M=3.00$）は，生徒指導低水準群の得点（$M=1.78$）よりも高かった。生徒指導高水準の得点（$M=3.00$）は，再編成後生徒指導上昇群の得点（$M=2.66$）よりも高かった。再編成後生徒指導低下群の得点（$M=2.51$）は，生徒指導低水準群の得点（$M=1.78$）よりも高かった。再編成後生徒指導上昇群の得点（$M=2.66$）は，生徒指導低水準群の得点（$M=1.78$）よりも高かった。

11. 生徒指導タイプと教師関係に関する結果のまとめ

統廃合前の時点において，再編成後生徒指導上昇群は生徒指導高水準群よりも得点が低かった。また，再編成後生徒指導上昇群は再編成後生徒指導低下群よりも得点が低かった。さらに，再編成後生徒指導上昇群と生徒指導低水準群との間に差は見られなかった。しかし，統廃合後6ヶ月の時点と統廃合後1年の時点において，再編成後生徒指導上昇群と再編成後生徒指導低下群の関係，再編成後生徒指導上昇群と生徒指導低水準群の関係が変化している。統廃合後6ヶ月の時点において，再編成後生徒指導上昇群と再編成後生徒指導低下群との差はなくなった。一方，統廃合後6ヶ月と統廃合後1年の時点において，再編成後生徒指導上昇群は，生徒指導低水準群よりも得点が高くなっていた。他の3つの群と比較してみたときに，再編成後生徒指導上昇群は，学校集団の再編成を経験しても教師関係を維持し，さらに教師との関係を良い方向に上昇させている可能性が示唆された。

12. 生徒指導タイプと友人関係

学校集団の再編成過程における友人関係の得点を4つの生徒指導タイプごとに示した（Fig.6-2-10）。

学校の主効果は有意ではなかった（$F(1,227)=1.88$, n.s.）。生徒指導タイプの主効果は有意であった（$F(3,227)=7.08$, $p<.01$）。調査時期の主効果は有意

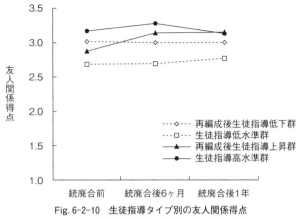

Fig. 6-2-10　生徒指導タイプ別の友人関係得点

ではなかった（$F(2,454)=2.13, n.s.$）。学校×生徒指導タイプの交互作用は有意ではなかった（$F(3,227)=1.41, n.s.$）。学校×調査時期の交互作用は有意ではなかった（$F(2,454)=1.25, n.s.$）。生徒指導タイプ×調査時期の交互作用は有意ではなかった（$F(6,454)=1.37, n.s.$）。学校×生徒指導タイプ×調査時期の交互作用は有意ではなかった（$F(6,454)=0.67, n.s.$）。

生徒指導タイプに関する多重比較の結果，再編成後生徒指導上昇群の友人関係の得点（$M=3.27$）は，生徒指導低水準群の得点（$M=2.73$）よりも高かった。再編成後生徒指導上昇群の友人関係の得点（$M=3.27$）は，再編成後生徒指導低下群の得点（$M=3.01$）よりも高かった。

友人関係については，学校集団の再編成過程における生徒指導タイプの効果は見られなかった。

考　察

学校統廃合にともなう学校集団の再編成という危機的な環境移行において，生徒の心理的負担を軽減する生徒指導を検討した。まず，学校集団の再編成過程における生徒指導タイプを検討した。その結果，再編成後生徒指導低下群，生徒指導低水準群，再編成後生徒指導上昇群，生徒指導高水準群の4つのタイプが明らかとなった。

次に，4つの生徒指導タイプごとに学校適応の変数に違いが見られるのかを

検討した。その結果,学校享受感,学校アイデンティティ,教師関係において,生徒指導タイプ別に違いが見られた。

　まず,生徒指導高水準群,生徒指導低水準群,再編成後生徒指導低下群について考察する。学校集団の再編成過程において一貫して生徒指導得点が高い生徒指導高水準群は,他の群よりも学校享受感,学校アイデンティティ,教師関係が最も高い傾向にあった。また,学校集団の再編成を経験しても生徒指導高水準群は,学校享受感,学校アイデンティティ,教師関係が低下しにくい結果が得られた。一方,学校集団の再編成過程において一貫して生徒指導得点が低い生徒指導低水準群は,他の群よりも学校享受感,学校アイデンティティ,教師関係の水準が最も低い傾向にあった。また,再編成後生徒指導低下群との比較においても,生徒指導低水準群の学校享受感,学校アイデンティティ,教師関係は,得点が低かった。したがって学校集団の再編成過程において,一貫して教師からの生徒指導を高く評価している生徒の心理的負担は少ない。一方で,一貫して教師からの生徒指導を低く評価している生徒の心理的負担は高いと言える。また,再編成前にある程度の生徒指導を受けることができていた再編成後生徒指導低下群は,一貫して生徒指導の水準が低い生徒指導低水準群ほど,学校適応の得点の低下は見られなかった。

　次に,再編成後生徒指導上昇群について考察する。再編成後生徒指導上昇群は,学校統廃合前の時点では4つの生徒指導タイプの中では生徒指導低水準と同程度,学校享受感,学校アイデンティティ,教師関係の得点は低い。しかし,学校集団の再編成過程で時間が経過し,生徒指導が高くなっていくにつれて,学校享受感と学校アイデンティティは,他の3つの群のような低下は見られず,一定の水準を維持していた。教師関係の得点は上昇していく傾向が見られた。この再編成後生徒指導上昇群の結果は,学校集団の再編成過程を通して〈教師－生徒〉関係を再構築することができることを示唆する。そして,学校生活において不適応傾向にあった生徒であっても,学校集団の再編成を通して生徒指導が変わることにより,学校適応を促進させていくことができると言える。

　中学生の学校適応の問題は,個人レベルの生徒のパーソナリティ変数だけでは不十分であるし,教師と生徒の関係のみの検討でも捉えきれない。学校集団における生徒,学校集団における生徒と教師の関係といったように,学校集団,

生徒，教師の3つから中学生の研究を行っていく必要があると言えるだろう。

第3節 本章のまとめ

第6章では，以下の結論が得られた。
まず第1節では，以下の2つが明らかとなった。

（1） 学校統廃合という危機的環境移行において，心理的負担を感じやすいのは，〈小規模校出身の生徒〉であることが明らかとなった。
（2） ストレス反応の上昇，学校享受感の低下，学校アイデンティティなどの低下は，学校集団再編成後の統廃合から6ヶ月時において顕著に見られた。

第2節からは，以下の2つが明らかとなった。

（3） 学校集団の再編成過程の前後において，能動的関わりと事後的関わりの両方を一貫して高く感じている生徒の場合，危機的環境移行を経験することによる心理的負担は，最も軽減された。
（4） 学校集団の再編成過程の前から学校内で不適応傾向にある生徒であっても，学校集団の再編成後に教師からの生徒指導を肯定的に評価するようになると教師関係が改善される傾向があった。学校集団の再編成を機に，教師の生徒指導が変わり，能動的関わりと事後的関わりを高く感じられるようになった生徒は，移行時をきっかけに学校適応が促進された。

以上より，以下の示唆を得られた。
学校集団の再編成という危機的な環境移行において，能動的な関わりと事後的な関わりの両方の生徒指導が重要である。さらに，学校集団の再編成前に学校内で不適応傾向にある生徒であっても，学校再編成後の生徒指導が変わることによって，危機的な環境移行の前よりも学校適応が促進される可能性もある。

第7章
3年間の中学校生活における生徒の学校適応を促す生徒指導

　問題行動が多い問題生徒であっても，問題行動や非行ばかりを引き起こしているわけではない。それは，非行少年は遵法的な文化と逸脱的な文化を漂流する（Matza, 1964）からである。教師が指導上の困難を感じる問題生徒であっても，規則から逸脱することもあれば，規則に従っていることもある。行動指標の変数として逸脱に関連する問題行動だけを取り上げるのではなく，中学生が逸脱していない状態に対応する行動指標にも注目しなければならない。学校内では，問題行動や非行をしないことだけでなく，教師が生徒に要請する活動に取り組むことも中学生には求められている（Eccles, Midgley, Wigfield, Buchanan, Reuman, Flanagan, & Iver, 1993；岡田, 2006）。したがって，学校内の問題行動を研究するにあたっては，行動指標として，規則からの逸脱である問題行動や非行だけに注目するのでは不十分である。中学生が教師から要請された枠に収まっている遵法的な文化に関連する行動指標も研究対象としなければならない。

　本研究では，第4章で構成された能動的関わりと事後的関わりの2つの生徒指導から構成される尺度，第3章で構成された生徒の生徒問題行動に関する尺度，遵法的な文化に対応する生徒の向学校的行動に関する尺度を用いる。問題行動を抑制し，向学校的行動を促進する生徒指導についての検討を行う。

第1節　問題行動を抑制する生徒指導と向学校的行動を促進する生徒指導（研究8）

目　　的

　第1節では，遵法的な文化に対応する向学校的行動と，逸脱的な文化に対応する問題行動を対比させる。そして，向学校的行動（生徒のプラスの部分）を促進するためには，どのような生徒指導が有効なのか，問題行動（生徒のマイナスの部分）を抑制するためには，どのような生徒指導が有効なのかを，問題生徒と一般生徒を比較しながら検討する。また，能動的関わりと事後的関わりの2つの生徒指導が，問題行動や非行の要因とされてきた攻撃性，低セルフコントロール，規範意識に対して，どのような影響を及ぼすのかも検討する。

　第1節では，以下2つを目的とする。

　第1に，問題行動の多い問題生徒と問題行動の少ない一般生徒を比較すると，問題行動の要因とされてきた攻撃性，低セルフコントロール，規範意識や問題行動や向学校的行動などにどのような違いが見られるのか，問題生徒と一般生徒の違いを検討する。

　第2に，問題行動の要因とされてきた攻撃性，低セルフコントロール，規範意識など生徒個人の要因に対し，能動的な関わりと事後的な関わりの2つの生徒指導がどのような影響を及ぼすのかを検討する。さらに，能動的な関わりと事後的な関わりの2つの生徒指導が，向学校的行動と問題行動にどのような影響を及ぼすのかを検討する。

　Fig. 7-1-1 に示したモデルに基づいて，問題生徒のモデルと一般生徒のモデルを比較し，検討する。

　Fig. 7-1-1 のモデルは，次のように考えた。

　まず，問題行動や非行の生徒個人の要因とされてきた攻撃性，低セルフコントロール，規範意識は，行動指標である問題行動と向学校的行動に影響すると考えられる。攻撃性，低セルフコントロールは，先行研究で言われてきたように，問題行動を促進するように影響し，規範意識は，問題行動を抑制するよう

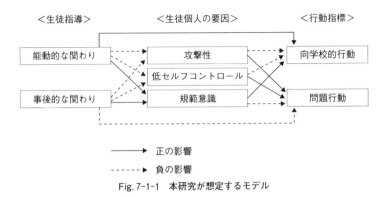

Fig. 7-1-1　本研究が想定するモデル

に影響すると考えられる。一方，向学校的行動に対しては，攻撃性，低セルフコントロールは向学校的行動を抑制するよう影響し，規範意識は向学校的行動を促進するように影響すると考えられる。

次に，2つの生徒指導は，生徒個人の要因と行動指標に影響すると考えられる。生徒指導と生徒個人の要因との関連については，加藤・大久保（2004）では，教師との関係性は規範意識に正の影響を与えていることから，2つの生徒指導は生徒の規範意識を高めるように影響すると考えられる。人生初期に決定されたセルフコントロールは一定の水準で推移する（Gottfredson & Hirschi, 1990）ことや攻撃性の安定性（安藤・曽我・山崎・島井・嶋田・宇津木・大芦・坂井，1999）が指摘されている。しかし，白井・岡本・栃尾・河野・近藤・福田・柏尾・小玉（2005）のような非行からの立ち直り研究や津富（2009）の犯罪者が持つ資源を手がかりに立ち直りへの道筋をつける長所基盤モデルの視点にもとづくと，生徒指導と生徒の相互作用によって，生徒のセルフコントロールや攻撃性は変化していくものと考えられる。したがって生徒指導により，生徒のセルフコントロールが高まり，攻撃性が低くなるような影響が考えられる。住田・渡辺（1984）が指摘するように，問題行動を引き起こした生徒に行われる事後的な指導は，問題行動を抑制するように影響すると考えられる。一方，問題行動を引き起こしていない生徒に行われる能動的な関わり方は，向学校的行動を促進するように影響すると考えられる。

問題行動を抑止するような影響を与える生徒指導の効果と，向学校的行動を

促進するような影響を与える生徒指導の効果を，問題生徒と一般生徒の比較にもとづいて明らかにする。

方　　法

1．手続きと対象者
　第4章第3節と同じ（p.86）。

2．分析項目の構成
問題行動の経験
　加藤・大久保（2006b）が作成した15項目から構成された尺度を用いた。「過去1年以内にこれらのことをしたことがありますか」という教示のもとに，「したことがない（0点）」と「したことがある（1点）」の2件法で回答を求めた。

学校内問題行動
　金子（2006）の16項目に5項目を付け加えて分析し，第3章で構成した問題行動経験尺度を用いた。「ここ1年間に学校内で以下のことをしたことがありますか？」という教示のもとに，「まったくない（0点）」から「何度もある（3点）」の4件法で回答を求めた。

攻撃性
　坂井・山崎（2004）の3つの下位尺度から構成される攻撃性質問紙のうち各因子に因子負荷量の高い上位3項目を用いた。「以下の質問にあなたはどれくらいあてはまりますか」という教示のもとに，「まったくそう思わない（1点）」から「とてもそう思う（4点）」の4件法で回答を求めた。

低セルフコントロール
　鈴木・鈴木・原田・井口（1996）の尺度10項目を使用した。「ふだんのあなたの様子についてお聞きします」という教示のもとに，「まったくそう思わない（1点）」から「とてもそう思う（4点）」の4件法で回答を求めた。

規範意識

金子(2006)の規範意識尺度のうち因子負荷量の高い上位6項目を用いた。「あなた自身は以下のことをどれくらい悪いことだと思いますか」という教示のもとに、「まったくそう思わない(1点)」から「とてもそう思う(4点)」の4件法で回答を求めた。

向学校的行動

教師へのインタビュー調査、自由記述調査から収集された17項目を用いて、第4章第3節で構成された尺度を用いた。「ここ1年間に、あなたは以下のことをしたことがありますか」という教示のもとに、「まったくない(0点)」から「何度もある(3点)」の4件法で回答を求めた。

生徒に対する教師の関わり

教師を対象としたインタビュー調査、自由記述式調査から収集された14項目を用いて、第4章3節で構成された尺度を用いた。「あなたの学校の先生についてお聞きします。先生はあなたに対してどのように接すると思いますか」という教示のもと「ぜったいにちがう(1点)」から「きっとそうだ(4点)」の4件法で回答を求めた。

結　果

1．生徒の分類―一般生徒と問題生徒―

加藤・大久保(2006b)が作成した問題行動の経験をたずねた尺度15項目の合計得点を算出した。複数の非行・問題行動を経験していると、より問題のある方向へ向かう(秦・片山・西田、2004)。加藤・大久保(2006b)も、いくつもの問題行動を重複して引き起こす生徒は学校現場で問題視されると述べている。加藤・大久保(2006b)にならい、問題行動を1つまで経験したことがある生徒を一般生徒($N=1403$)、2つ以上経験したことがある生徒を問題生徒($N=636$)とした。以下では、2つの生徒タイプごとに分析を行うこととする。

2．一般生徒と問題生徒の比較

まず，2つの生徒指導から見ていく。能動的な関わりと事後的な関わりについて，一般生徒と問題生徒で違いがあるのかを検討するため，t 検定を行った（Table7-1-1）。

Table7-1-1 より，能動的な関わりと事後的な関わりのいずれの生徒指導についても，一般生徒の得点の方が高かった。一般生徒の方が，教師は生徒に様々な場面で関わってくれていると感じていることが明らかとなった。

次に，問題行動の個人要因とされてきた，攻撃性，低セルフコントロール，規範意識についてみていく。3つの個人要因に，一般生徒と問題生徒で違いがあるかを検討するため，t 検定を行った（Table7-1-2）。

Table7-1-2 より，攻撃性，低セルフコントロールは，一般生徒より問題生徒の得点が高かった。規範意識は，問題生徒より一般生徒の得点が高かった。問題行動を促進する要因と言われている攻撃性と低セルフコントロール（衝動

Table7-1-1 生徒指導に関する一般生徒と問題生徒の比較

	能動的な関わり	事後的な関わり
一般生徒	2.80	3.06
(SD)	(0.63)	(0.72)
問題生徒	2.59	2.83
(SD)	(0.68)	(0.78)
t 値	$t(2037)=6.59^{**}$	$t(2037)=6.46^{**}$

$^{**}p<.01\ ^{*}p<.05$

Table7-1-2 問題行動の個人要因に関する一般生徒と問題生徒の比較

	攻撃性	低セルフコントロール	規範意識
一般生徒	2.13	2.12	3.20
(SD)	(0.50)	(0.49)	(0.69)
問題生徒	2.60	2.55	2.71
(SD)	(0.54)	(0.50)	(0.74)
t 値	$t(2037)=-18.95^{**}$	$t(2037)=-18.33^{**}$	$t(2037)=14.34^{**}$

$^{**}p<.01\ ^{*}p<.05$

Table7-1-3 問題行動に関する一般生徒と問題生徒の比較

	対教師的問題行動	対学校的問題行動	対生徒的問題行動
一般生徒	0.16	0.85	0.27
(SD)	(0.29)	(0.63)	(0.40)
問題生徒	0.62	1.50	0.80
(SD)	(0.63)	(0.73)	(0.68)
t値	$t(2037) = -22.56^{**}$	$t(2037) = -20.43^{**}$	$t(2037) = -21.93^{**}$

$^{**}p<.01\ ^{*}p<.05$

Table7-1-4 問題行動に関する一般生徒と問題生徒の比較

	学校生活関与行動	学校習慣順守行動
一般生徒	2.70	2.88
(SD)	(0.43)	(0.42)
問題生徒	2.41	2.76
(SD)	(0.55)	(0.48)
t値	$t(2037)=12.82^{**}$	$t(2037)=5.42^{**}$

$^{**}p<.01\ ^{*}p<.05$

性)は,問題生徒の方が高かった。問題生徒の方が問題行動や非行と親和性があると言えるだろう。一方,問題生徒より一般生徒の方が規範意識得点は高かった。問題行動を抑制すると言われている規範意識は一般生徒の方が高く,一般生徒は問題行動や非行との親和性は低いと言えるだろう。

最後に,行動指標である問題行動と向学校的行動について見ていく。問題行動と向学校的行動に,一般生徒と問題生徒で違いがあるかを検討するため,t検定を行った。問題行動の結果をTable7-1-3に,向学校的行動の結果をTable7-1-4に示した。

Table7-1-3とTable7-1-4より,対教師的問題行動,対学校的問題行動,対生徒的問題行動の3つの問題行動に関しては,一般生徒より問題生徒の得点が高かった。学校生活関与行動,学校習慣順守行動の2つの向学校的行動については,問題生徒より一般生徒の得点が高かった。問題生徒は問題行動得点が高く,一般生徒は向学校的行動が高いことが明らかとなり,先行研究と一致する結果となった。

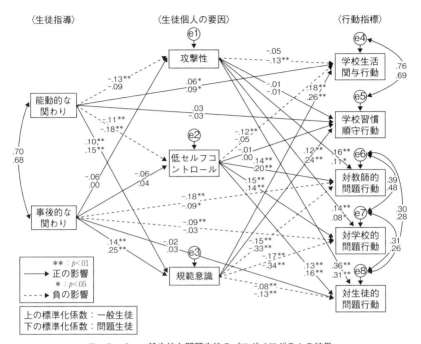

Fig. 7-1-2 一般生徒と問題生徒のパスダイアグラムの結果

3．向学校的行動と学校内問題行動に影響する要因についての検討

　生徒指導が，生徒個人の要因と行動指標に影響するFig.7-1-1モデルを検討した。

　問題生徒と一般生徒の差異を検討するため多母集団同時分析を行った。その結果をFig.7-1-2に示した。適合度はGFI = .960，CFI = .930，AGFI = .843，RMSEA = .083であった。Fig.7-1-2の標準化係数のうち，上に表記されたものが一般生徒のもの，下に表記されたものが問題生徒のものとなっている。

4．一般生徒と問題生徒のパスダイアグラムの結果

生徒個人の要因が行動指標に与える影響

　まず，学校内問題行動に影響していた要因を見ていく。Fig7-1-2より，3つの問題行動に対して，攻撃性と低セルフコントロールから正の影響が見られた。攻撃性が高まるほど問題行動が促進され，セルフコントロールが低下するほど

問題行動が促進される結果となった。有意であったパスは，一般生徒と問題生徒で共通していた。ただし，攻撃性から対生徒的問題行動に対するパス係数においては差の検定統計量の絶対値が1.96を超えていた。問題生徒よりも一般生徒のほうが，攻撃性が高まるほど対生徒的問題行動が促進されることが明らかとなった。

　一方，3つの問題行動に対して，規範意識は負の影響を与えていた。規範意識が高まるほど問題行動は抑制される結果となった。有意であったパスは，一般生徒と問題生徒で共通していた。ただし，規範意識から対教師的問題行動と，規範意識から対学校的問題行動に対するパス係数においては，差の検定統計量の絶対値が1.96を超えていた。一般生徒よりも問題生徒のほうが，規範意識が高まるほど対教師的問題行動と対学校的行動を抑制することが明らかとなった。

　次に，向学校的行動に影響していた要因を見ていく。Fig7-1-2より，学校生活関与行動に対して，攻撃性から負の影響が見られた。これは問題生徒のみに見られた結果であった。問題生徒の場合，攻撃性が高まるほど学校生活関与行動が抑制される結果となった。学校生活関与行動に対して，低セルフコントロールからも負の影響が見られた。これは，一般生徒のみにみられた結果であった。一般生徒の場合，セルフコントロールが低下するほど学校生活関与行動が抑制される結果となった。学校生活関与行動に対して，規範意識から正の影響が見られた。規範意識が高まるほど，学校生活関与行動が促進される結果となった。有意であったパスは，一般生徒と問題生徒で共通していた。ただし，パス係数において差の検定統計量の絶対値が1.96を超えていた。一般生徒よりも問題生徒のほうが，規範意識が高まるほど学校生活関与行動が促進される結果となった。

　学校習慣順守行動に対して，規範意識から正の影響が見られた。有意であったパスは，一般生徒と問題生徒で共通していた。ただし，パス係数において差の検定統計量の絶対値が1.96を超えていた。一般生徒よりも問題生徒のほうが，規範意識が高まるほど学校生活順守行動が促進される結果となった。

生徒指導が生徒個人の要因と行動指標に与える影響

　まず，生徒指導から行動指標に直接的に影響していたところから見ていく。Fig7-1-2 より，能動的な関わりは，学校生活関与行動に対して正の影響を与えていた。能動的な関わりが高まるほど，学校生活関与行動が促進される結果となった。有意であったパスは一般生徒と問題生徒で共通していた。

　事後的な関わりは，対教師的問題行動に負の影響を与えていた。事後的な関わりが高まるほど，対教師的問題行動が抑制される結果となった。有意であったパスは一般生徒と問題生徒で共通していた。事後的な関わりは，対学校的問題行動に負の影響を与えていた。これは，一般生徒のみに見られた結果であった。一般生徒の場合，事後的な関わりが高まるほど，対学校的問題行動が抑制される結果となった。

　次に，生徒指導から生徒個人の要因に影響していたところを見ていく。Fig7-1-2 より，能動的な関わりは，攻撃性に負の影響を与えていた。これは，一般生徒のみに見られた結果であった。一般生徒の場合，能動的な関わりが高まるほど，攻撃性が低下する結果となった。能動的な関わりは，低セルフコントロールに負の影響を与えていた。能動的な関わりが高まるほど，セルフコントロールが高まる結果となった。有意であったパスは一般生徒と問題生徒で共通していた。能動的な関わりは，規範意識に正の影響を与えていた。能動的な関わりが高まるほど，規範意識が高まる結果となった。有意であったパスは一般生徒と問題生徒で共通していた。

　事後的な関わりは，規範意識に正の影響を与えていた。事後的な関わりが高まるほど，規範意識が高まる結果となった。有意であったパスは一般生徒と問題生徒で共通していた。

考　察

　本研究の目的は，以下のことを検討することであった。

　第1に，問題生徒と一般生徒を比較し，生徒個人要因，問題行動や向学校的行動の違いを明らかにすることであった。さらに，生徒個人の要因が問題行動と向学校的行動に与える影響の仕方にどのような違いが見られるのかを検討し，問題生徒と一般生徒の違いを明らかにすることであった。

第2に，問題行動と向学校的行動に対して，どのような生徒個人の要因が影響するのかを検討し，問題行動と向学校的行動に影響する要因の違いを明らかにすることであった。

第3に，能動的な教師の関わりと事後的な教師の関わりが，生徒の個人の要因と行動指標にどのような影響を与えるのかを検討し，問題行動と向学校的行動に対する対処方法を明らかにすることであった。問題生徒のモデルと一般生徒のモデルを比較しながら，3つの課題について考察していく。

1．問題生徒と一般生徒の違い

一般生徒と問題生徒で，問題行動と関連する生徒個人の要因は共通していたが，向学校的行動に与える要因に違いが見られた。一般生徒の場合は，低セルフコントロールが学校生活関与行動に負の影響を示し，問題生徒の場合は，攻撃性が学校生活関与行動に負の影響を示していた。犯罪の機会よりもセルフコントロールの低さが犯罪を予測するように（Gottfredson & Hirschi, 1990），一般生徒の中には，問題行動や非行と親和性のある家庭環境や仲間関係など環境要因がなく，セルフコントロールが低いことによって，問題行動が促進され，向学校的行動が抑制されると考えられる。セルフコントロールの低い一般生徒において，低セルフコントロールが学校生活関与行動に負の影響を与えたと考えられる。一方，問題生徒は一般生徒よりも規範意識が低いと考えられる。規範意識の低さは暴力に対する欲求と相関する（小島・松田, 1999）。そのため，問題生徒において，攻撃性が学校生活関与行動を抑制したと考えられる。

2．問題行動と向学校的行動に影響する要因の違い

まず，攻撃性と低セルフコントロールは，主に問題行動に正の影響を与えており，先行研究と一致する結果であった。一方で，向学校的行動に対する攻撃性と低セルフコントロールの影響は部分的であった。これは，攻撃性と低セルフコントロールは主に問題行動の促進要因であり，向学校的行動と関連する主な要因ではないと考えられる。問題行動と向学校的行動の2つの行動に影響する要因は独立したものとして考える必要があると言えるだろう。つまり，問題行動に影響する要因と向学校的行動に影響する要因は異なっているため，その

2つの行動への対処も，それぞれ異なる視点に基づく必要があるだろう。

　先行研究で指摘されている規範意識やセルフコントロールを高めようとする介入により，問題行動を抑制することができると考えられるが，教師が生徒に取り組ませようと考えている向学校的行動の促進にはあまり影響を及ぼさない。生徒の問題行動には問題行動を抑止するための介入が必要であり，向学校的行動を促進するためには，また別の介入が必要なのである。これは，教育現場からの介入が難しい家庭環境要因（小坂・佐藤，2004）など，問題行動の促進要因が解決されなかったとしても，向学校的行動を促進させる介入を教育現場で行うことは可能であることを示唆する。

3．問題行動と向学校的行動への生徒指導による対処

　問題行動と向学校的行動に対する生徒指導による対処については，以下の3つが明らかとなった。1つ目は，能動的な関わりは，低セルフコントロールに負の影響を与え，規範意識に正の影響を与えていた。これは，一般生徒と問題生徒に共通してみられた結果であった。教師からの働きかけによって，セルフコントロールは変化しうるものとして捉えられることが明らかとなった。低セルフコントロールや規範意識は，問題行動や非行との関連が指摘されているが（小保方・無藤，2005；Carroll, Hemingway, Bower, Ashman, Houghton, & Durkin, 2006），具体的にどのように対処することが有効なのか十分に検討されてこなかった。さらに，教育現場では，問題行動に対する毅然とした指導（山本，2007）のような事後的な指導の重要性が報告されてきた。本研究の結果から，セルフコントロールと規範意識を高めるためには，教師が生徒と授業外の時間などに能動的に関わることの重要性が示唆された。これは，積極的指導（嶋崎，2007）や開発的指導（八並，2008）で指摘されてきたことと一致する結果である。

　2つ目は，事後的な関わりは規範意識に正の影響を与えていた。これは，一般生徒と問題生徒に共通して見られた結果であった。山本（2007）で扱われているような事後的な生徒指導は，規範意識を高めるには有効であることが示唆された。

　3つ目は，事後的な関わりは問題行動のうち，対教師的問題行動や対学校的

問題行動に直接的に負の影響を示したが，対学校的問題行動への影響に関しては，一般生徒のみで負の影響がみられた。これは，校則違反のような対学校的問題行動への指導をする際には，まず一般生徒を中心に生徒指導を行っていくことが効果的であることを示唆する。学校内で目立つ問題生徒に指導の重点を置くのではなく，目立たないところで問題行動を引き起こす一般生徒を意識して生徒指導を行う必要性を示唆する結果は，加藤・大久保（2005b）とも一致するものと考えられる。

一方，能動的な関わりは向学校的行動のうち，学校生活関与行動に正の影響を及ぼし，それは一般生徒と問題生徒で共通してみられた。思春期の特定の時期にのみ問題行動が増加する発達的現象がMoffitt（1993）によって報告されており，中学生の問題行動を限りなくゼロにしていくことは非常に難しい（広田，2005a）。本研究では向学校的行動という行動指標を取り入れたことにより，問題行動を抑止する視点だけでなく，向学校的行動を促進していく視点の重要性が明らかとなったと言えるだろう。そのためには，問題に対する事後的な指導よりも，日常的で能動的な生徒指導を実践していくことが必要と考えられる。

以上の分析から，能動的な生徒指導によって生徒の向学校的行動が促進されることを明らかにできた。これをもとに，第二次反抗期にあって，ゼロの状態にすることが難しい中学生の問題行動の抑制モデルを考えていく。問題生徒の結果に見られたように，生徒指導によって直接的に問題行動を抑制するのは難しい。しかし，能動的な関わりによって向学校的行動が促進され，学校生活の中で生徒の向学校的行動が拡大していくことにより，相対的に問題行動が少しずつ減少していく間接的問題行動抑制モデルが考えられる。生徒の問題行動（マイナス）を抑制するためには，生徒の問題行動（マイナス）に直接的に働きかけるのではなく，まず生徒の向学校的行動（プラス）を促進させる。生徒の向学校的行動（プラス）が促進され学校生活に拡大していくことによって，生徒の問題行動（マイナス）が相対的に減少していくモデルである。

次の2節では，3年間の縦断調査をもとに，向学校的行動が促進されることによって問題行動が減少する，向学校的行動を介した間接的問題行動抑制モデルを検討する。

第2節　向学校的行動を介した間接的問題行動抑制モデルの検討（研究9）

目　的

　これまでの先行研究では，「生徒の問題行動を減少させていくためには，どうしたらよいのか？」という問いにもとづき，生徒の問題行動を抑制するための要因についての検討が主に行われてきた。第1節では，問題行動と向学校的行動の2つの変数を対にすることで，「生徒の向学校的行動を促進するためには，どうしたらよいのか？」という問いにもとづいて検討した。その結果，教師による能動的な関わりによって向学校的行動が促進されることが明らかとなった。

　生徒指導によって直接的に中学生の問題行動を抑制するのは難しい。しかし，能動的な関わりによって向学校的行動が促進され，学校生活の中で生徒の向学校的行動が拡大していくことにより，相対的に問題行動が少しずつ減少していく間接的問題行動抑制モデルの可能性が第1節で考えられた。

　第2節では，第1節から示唆の得られた向学校的行動を介した間接的問題行動抑制モデルを中学3年間にわたる縦断調査から実証的に検討する。

方　法

1．手続きと対象者

　首都圏にある公立中学校2校において，2007年4月に中学校に入学した生徒を対象に3年間にわたり調査を実施した。教員が授業時間内に調査票を配布した。回答後，生徒に封筒の封を閉じてもらい調査票を回収した。これは，調査票の内容が教師や他の生徒に見られ，生徒個人の不利益とならないように配慮するためであった。

　調査時期は，2008年3月（1年次），2009年3月（2年次），2010年3月（3年次）の3つの地点であった。3月に調査を実施したのは，学年末に調査を実施することによって1年間を振り返って回答できるため，各学年の実態を捉えられると考えたためであった。241名（A中学校152名，B中学校89名）にア

ンケートを配布し，3回の調査すべてに回答のあった199名（男子98名，女子101名）（A中学校127名（男子56名，女子71名），B中学校72名（42名，30名））を分析対象とした。

2．分析項目の構成

教師の生徒に対する関わり

　教師を対象としたインタビュー調査，自由記述式調査から収集された14項目を用いて，第4章3節で構成された尺度を用いた。「あなたの学校の先生についてお聞きします。先生はあなたに対してどのように接すると思いますか」という教示のもと「ぜったいにちがう（1点）」から「きっとそうだ（4点）」の4件法で回答を求めた。

向学校的行動

　教師へのインタビュー調査，自由記述調査から収集された17項目を用いて，第4章第3節で構成された尺度を用いた。「ここ1年間に，あなたは以下のことをしたことがありますか」という教示のもとに，「まったくない（0点）」から「何度もある（3点）」の4件法で回答を求めた。

学校内問題行動

　金子（2006）の16項目に5項目を付け加えて分析し，第3章で構成した問題行動経験尺度を用いた。「ここ1年間に学校内で以下のことをしたことがありますか？」という教示のもとに，「まったくない（0点）」から「何度もある（3点）」の4件法で回答を求めた。

結　果

1．問題行動と向学校的行動の3年間の推移

　向学校的行動が促進されることによって，問題行動が相対的に減少するような向学校的行動を介した間接的問題行動抑制のモデルを検討する。問題行動と向学校的行動の関連性を，3年間の縦断調査から検討した。

　まず，最初に問題行動と向学校的行動が中学3年間にどのように推移するの

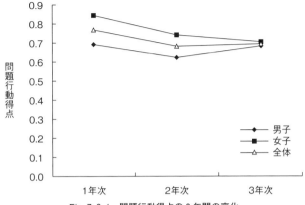
Fig. 7-2-1　問題行動得点の3年間の変化

か,全体の傾向を明らかにした。問題行動経験尺度は,対教師的問題行動,対学校的問題行動,対生徒的問題行動の3因子で構成されていた。第3章1節にあるように,因子間相関が高いため,3つの因子を合算し,3で除したものを問題行動得点とした。そして問題行動得点の3年間の推移を示した (Fig. 7-2-1)。

性差 (2) ×調査時期 (3) の2要因の分散分析を行った。性差の主効果は有意ではなかった ($F(1,197)=2.07$, $n.s.$)。調査時期の主効果は有意であった ($F(2,394)=3.56$, $p<.05$)。性差×調査時期の交互作用は有意ではなかった ($F(2,394)=2.30$, $n.s.$)。

多重比較の結果,2年次の問題行動得点 ($M=0.69$) よりも1年次の問題行動得点 ($M=0.77$) は高かった。1年次から2年次にかけて問題行動が減少していく結果が得られた。

向学校的行動尺度は,学校生活関与行動と学校生活順守行動の2因子で構成されている。第4章3節にあるように,因子間相関が高いため,2つの因子を合算し,2で除したものを向学校的行動得点とした。そして向学校的行動得点の3年間の推移を示した (Fig. 7-2-2)。

性差 (2) ×調査時期 (3) の2要因の分散分析を行った。性差の主効果は有意ではなかった ($F(1,197)=0.00$, $n.s.$)。調査時期の主効果は有意であった ($F(2,394)=11.33$, $p<.05$)。性差×調査時期の交互作用は有意ではなかった

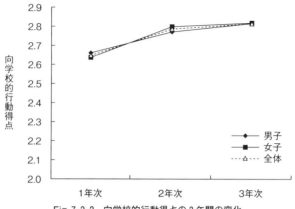

Fig. 7-2-2　向学校的行動得点の3年間の変化

($F(2,394) = 0.18$, $n.s.$)。

　多重比較の結果，1年次の向学校的行動得点（$M=2.65$）よりも2年次の向学校的行動得点（$M=2.79$）は高かった。また，1年次の向学校的行動得点（$M=2.65$）よりも3年次の向学校的行動得点（$M=2.82$）は高かった。1年次よりも2年次の向学校的行動得点は高く，1年次よりも3年次の向学校的行動得点は高かった。学年が上がっていくについて，向学校的行動は上昇していく結果となった。

2．3年間の縦断調査からみる向学校的行動を介した間接的問題行動抑制モデル

　次に，1年次の問題行動と向学校的行動が，2年次の問題行動と向学校的行動に関連し，2年次の問題行動と向学校的行動が，3年次の問題行動と向学校的行動に関連するモデルを，重回帰分析をもとに検討した（Fig. 7-2-3）。

　まず，1年次の問題行動は，2年次の問題行動に有意な正の影響を与えていた。2年次の問題行動は，3年次の問題行動に有意な正の影響を与えていた。2年次の問題行動は，3年次の向学校的行動に有意な負の影響を与えていた。

　次に，1年次の向学校的行動は，2年次の向学校的行動には有意な影響を与えていなかった。2年次の向学校的行動は，3年次の向学校的行動に有意な正の影響を与えていた。2年次の向学校的行動は，3年次の問題行動に有意な負の影響を与えていた。

第7章　3年間の中学校生活における生徒の学校適応を促す生徒指導　　155

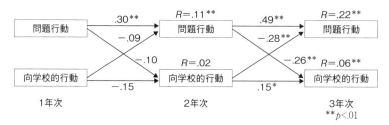

Fig. 7-2-3　3年間の縦断調査からみる問題行動と向学校的行動の関連

　問題行動と向学校的行動の関連では，2年次から3年次への影響が強く見られた。2年次の問題行動が増加するほど，3年次の向学校的行動は減少する。一方で，2年次の向学校的行動が増加するほど，3年次の問題行動が減少する。教師が2年次の生徒の向学校的行動を促進することによって，3年次の問題行動を減少させる問題行動の間接的抑制が支持されたと言えるだろう。3年次の生徒の問題行動や向学校的行動を規定する要因は，2年次の生徒の過ごし方にあると考えられる。

　Fig. 7-2-3の結果から，2年次の問題行動が抑制されることで3年次の向学校的行動は促進され，2年次の向学校的行動を促進されることで3年次の問題行動が抑制される。2年次において，生徒がどのような学校生活を送るかによって，3年次の生徒の学校適応が影響されることが示唆される。

　2年次の学校での過ごし方が，3年次の生徒の問題行動や向学校的行動に影響を与えるため，2年次における生徒指導が，問題行動や向学校的行動とどのような関係にあるのかを検討する必要がある。

3．生徒指導が問題行動と向学校的行動に与える影響―学年ごとの分析―

　Fig. 7-2-3から，2年次の向学校的行動は3年次の問題行動を抑制し，2年次の問題行動は3年次の向学校的行動を抑制することが明らかになった。したがって，問題行動を抑制し，向学校的行動を促進するための時期としては，2年次が重要であることが示唆される。2年次の問題行動を抑制し，2年次の向学校的行動を促進する生徒指導を行う必要がある。

　2年次において，問題行動を抑制し，向学校的行動を促進するためには，どのような生徒指導が必要なのだろうか。

Table7-2-1　生徒指導と問題行動の関連

		問題行動		
		1年次	2年次	3年次
生徒指導	能動的関わり	-.04	.07	-.01
	事後的関わり	.00	-.19	-.10
	重決定係数（R^2）値	.00	.02	.01

$**p<.01\ *p<.05\ ^+p<.10$

Table7-2-2　生徒指導と向学校的行動の関連

		向学校的行動		
		1年次	2年次	3年次
生徒指導	能動的関わり	.05	.19$^+$	.09
	事後的関わり	.18*	.02	.08
	重決定係数（R^2）値	.05*	.04*	.02$^+$

$**p<.01\ *p<.05\ ^+p<.10$

　3つの年次ごとに，生徒指導と問題行動の関係（Table7-2-1），生徒指導と向学校的行動の関係（Table7-2-2）を重回帰分析によって検討した。

　Table7-2-1の結果から，2つの生徒指導は問題行動には影響を与えていなかった。

　Table7-2-2の結果から，1年次における事後的関わりは，1年次の向学校的行動に有意な正の影響を与えていた。2年次における能動的関わりは，向学校的行動への正の影響は有意傾向（$p<.10$）であった。

　1年次においては，事後的関わりが向学校的行動に正の影響を与えていたのに対し，2年次においては，能動的関わりが向学校的行動に正の影響を与えていた。Table7-2-2の結果から，2年次の向学校的行動を促進するためには，能動的関わりが重要であることが明らかとなった。

考　察

　生徒の向学校的行動を促進させることによって，生徒の問題行動が減少していく，向学校的行動を介した間接的問題行動抑制モデルを検討した。

　まず，問題行動得点と向学校的行動得点を算出した。次に1年次の問題行動

と向学校的行動が，2年次の問題行動と向学校的行動に関連し，2年次の問題行動と向学校的行動が，3年次の問題行動と向学校的行動に関連するモデルを検討した。

その結果，2年次の問題行動は3年次の向学校的行動に負の影響を与えていた。一方，2年次の向学校的行動は3年次の問題行動に負の影響を与えていた。この結果から，2年次に促進された向学校的行動により，3年次の問題行動が抑制される向学校的行動を介した間接的問題行動抑制モデルが明らかにされた。

生徒の問題行動抑制の時期としては，2年次が重要になることが明らかとなった。2年次の生徒が学校生活をどのように過ごすかによって，3年次の生徒の問題行動が左右されると考えられる。したがって，2年次の問題行動を抑制し，2年次の向学校的行動を促進するような生徒指導が行われる必要がある。

次に，生徒指導と問題行動，生徒指導と向学校的行動の関連を検討した結果，2年次における能動的な関わりによって，生徒の向学校的行動が促進される結果が得られた。

以上の結果から，2年次に教師が生徒と能動的に関係を作り，生徒の向学校的行動を促進していくことによって，3年次の問題行動を抑制することができると言えるだろう。

進路や受験により，2年生と3年生の心理的適応が低下することが指摘されている（三浦・坂野，1996）。都筑（2008）は，中学2年を境に，将来の希望が低下し，空虚感が強くなるなど，時間的展望が低下する傾向を明らかにしている。教師が能動的関わりによって生徒への働きかけを強め，中学2年生の生徒の時間的展望を高めることができると，進路や受験が近づく中学3年次においても見通しをもって生活できるようになる。生徒は，中学3年になっても学校に関与して生活できるため，中学3年次の問題行動は抑制され，向学校的行動は促進されるのだと推測される。

第6章では，学校統廃合という特殊な環境移行場面において，2つの生徒指導が生徒の学校適応に与える影響を明らかにした。

第7章の第1節，第2節では，生徒の問題行動を抑制し，生徒の向学校的行動を促進する生徒指導の影響を明らかにした。

次の第7章第3節では，能動的関わりと事後的関わりの2つの生徒指導が，

中学3年間の生徒の学校適応に対し，どのような影響を与えるのかを検討する。中学3年間という一般的な学校場面における2つの生徒指導の影響を明らかにする。

第3節　中学3年間から捉える生徒の学校適応を促す生徒指導（研究10）

目　　的

　中学3年間を，生徒が学校で過ごす中で，生徒の学校生活の捉え方は，年次によって異なってくる。中学1年は，小学校から中学校へと学校環境が変化し，新しい環境に適応していくことが求められる。中学2年は，教育現場では中だるみの時期と一般的に言われることもあり，生徒の問題行動が目立つこともある。中学3年は，進路選択を考える時期でもあるため，将来のことや進学先のことで生徒が悩みはじめる時期でもある。

　生徒が学校生活をどのように捉えているかは，年次ごとに異なるはずである。しかし，これまでの研究の多くは横断的な研究であったため，中学生活の一部分しか捉えきれていなかった。また，ある特定の学年のみを対象とした研究も多かった。中学生の学校適応について研究を行うにあたっては，中学3年間全体を捉える縦断調査から，生徒の学校適応を検討していく必要がある。

　本研究では，3年間にわたる縦断調査をもとに，生徒指導と中学生の学校適応の関連を検討する。まず中学3年間において，生徒が教師の生徒指導をどのように認識しているのかをクラスター分析によって明らかにする。分類された生徒指導タイプ別に，中学3年間の学校適応の変化を検討する。中学3年間において，生徒の学校適応を促す生徒指導タイプや，生徒の心理的負担を軽減する生徒指導タイプを明らかにしていく。

方　　法

1．手続きと対象者
　　第7章第2節と同じ（p.151）。

2．分析項目の構成
ストレス反応尺度

　山本・仲田・小林（2000）のストレス反応尺度のうち，各因子に対して因子負荷量の高かった上位3項目を用いた。身体的反応，抑うつ・不安，不機嫌・怒り，無気力の4つの下位尺度，全12項目を用いた。「頭痛がする」，「悲しい」，「怒りを感じる」，「難しいことを考えることができない」などの項目から構成されていた。「毎日の学校生活のなかで，次のように感じることはありますか？」という教示のもと，「全くあてはまらない（1点）」から「とてもあてはまる（4点）」の4件法で回答を求めた。

学校享受感尺度

　古市・玉木（1994）の10項目から構成された1次元の尺度である学校享受感尺度を用いた。「私は学校に行くのが楽しみだ」，「学校は楽しくて1日があっという間に過ぎてしまう」などの項目から構成されていた。「あなたの学校生活への気持ちをお聞きします」という教示のもと，「まったくそう思わない（1点）」から「とてもそう思う（4点）」の4件法で回答を求めた。

学級の雰囲気

　小林・仲田（1997）の9項目から構成された学級の雰囲気尺度を用いた。「クラスは明るい」，「クラスはよくまとまっている」などの項目から構成されていた。「あなたのクラスについてお聞きします」という教示のもと，「まったくそう思わない（1点）」から「とてもそう思う（4点）」の4件法で回答を求めた。

教師関係と友人関係

　教師との関係性，友人との関係性を評価するための尺度として，嶋田・岡安・坂野（1993）のソーシャルサポート尺度を用いた。質問項目は，「あなたに元気がないと，すぐに気づいてはげましてくれる」，「あなたが悩みや不満を言っても，いやな顔をしないで聞いてくれる」，「あなたが失敗しても，そっと助けてくれる」など5項目から構成されていた。「あなたに対してどのように接

してくれると思いますか？」という教示のもと，「ぜったいにちがう（1点）」から「きっとそうだ（4点）」までの4件法で回答を求めた。同じ項目を用いて，学校の先生の場合と友達の場合について回答してもらった。

教師の生徒に対する関わり

　教師を対象としたインタビュー調査，自由記述式調査から収集された14項目を用いて，第4章3節で構成された尺度を用いた。「あなたの学校の先生についてお聞きします。先生はあなたに対してどのように接すると思いますか」という教示のもと「ぜったいにちがう（1点）」から「きっとそうだ（4点）」の4件法で回答を求めた。

結　果

1．生徒指導タイプの分析

　3年間の中学校生活において，教師の生徒指導を生徒がどのように評価しているのかを明らかにするために，3つの地点における能動的関わりと事後的関わりの変数，計6つを投入変数（Ward法，平方ユークリッド距離）として扱い，クラスター分析を行った。いくつかのクラスターを抽出し，各クラスターに分類される配点の特徴，人数などを考慮しながら最適と思われる4つのクラスターに分類した結果を採用した。能動的関わりと事後的関わりへの配点を，平均を0，標準偏差1になるように標準化してグラフを作成した（Fig. 7-3-1）。

　第1クラスターは，能動的関わりと事後的関わりに関する6つの変数が平均値と同じ，もしくは平均よりも少し低い。しかし，生徒指導に関する6つの変数は，3年間を通して概ね平均値に近い値になっている。そこで，生徒指導中水準群と命名した。この群は，103名の生徒から構成されていた。

　第2クラスターは，能動的関わりと事後的関わりが3年間を通して平均より高い特徴を持ち，年次ごとに生徒指導に関する得点がゆるやかに上昇している群である。さらに，生徒指導に関する6つの変数すべてが，他の3つのクラスターよりも高い。そこで，生徒指導高水準群と命名した。この群は，59名の生徒から構成されていた。

　第3クラスターは，能動的関わりと事後的関わりに関する6つの変数が，中

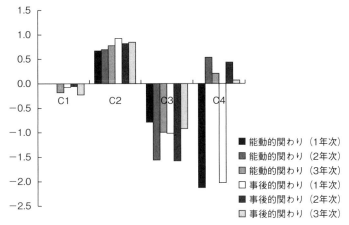

Fig. 7-3-1 中学3年間から見る生徒指導タイプ

学3年間を通して平均よりも低い。特に，1年次から2年次にかけて生徒指導に関する得点が低下し，2年次から3年次にかけて得点がやや上昇するV字型の特徴を持つ。そこで，生徒指導低水準群と命名した。この群は，29名の生徒から構成されていた。

第4クラスターは，1年次の能動的関わりと事後的な関わりの得点が平均以下であり，他の3つのクラスターと比べて最も低い水準となっている。その後，2つの生徒指導に関する得点は，1年次から2年次にかけて大きく上昇する。平均値よりも低かった生徒指導に関する得点が，平均値よりも高い水準まで上昇する群である。そこで，生徒指導上昇群と命名した。この群は，8名の生徒から構成されていた。

2．中学3年間の生徒指導が中学生の学校適応に及ぼす影響

生徒指導タイプ，調査時期の2つの要因によって，学校適応に関する変数に違いが見られるのかを検討するため，生徒指導タイプ（4）×調査時期（3）の分散分析を行った。多重比較に関しては，すべてRyan法を用いた。

生徒指導タイプと学校享受感の関係

中学3年間における学校享受感の得点を4つの生徒指導タイプごとに示した

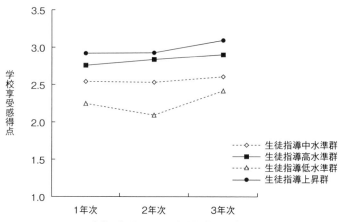

Fig. 7-3-2　中学3年間から見る生徒指導タイプ別の学校享受感

(Fig. 7-3-2)。

　生徒指導タイプの主効果は有意であった（$F(3,195) = 8.19, p < .01$）。調査時期の主効果は有意であった（$F(2,390) = 3.13, p < .05$）。生徒指導タイプ×調査時期の交互作用は有意ではなかった（$F(6,390) = 0.45, n.s.$）。

　生徒指導タイプについての多重比較の結果，生徒指導上昇群（$M = 2.99$）は，生徒指導低水準群（$M = 2.25$）よりも高かった。生徒指導高水準群（$M = 2.84$）は，生徒指導低水準群（$M = 2.25$）よりも高かった。生徒指導中水準群（$M = 2.56$）は，生徒指導低水準群（$M = 2.25$）よりも高かった。生徒指導高水準群（$M = 2.84$）は，生徒指導中水準群（$M = 2.56$）よりも高かった。

　3年間を通して生徒指導の水準が高い生徒指導高水準群と，年次ごとに生徒指導が上昇する生徒指導上昇群の学校享受感得点は，他の群の学校享受感得点よりも高いことが明らかとなった。

　調査時期に関する多重比較の結果，3年次の得点（$M = 2.76$）は，2年次の得点（$M = 2.60$）よりも高かった。3年次の得点（$M = 2.76$）は，1年次の得点（$M = 2.62$）よりも高かった。

　学校享受感は，1年次の得点が低く，2年次，3年次と進級するにつれて得点が高くなっていく傾向にあることが明らかとなった。

生徒指導タイプとストレス反応の関係

ストレス反応は，身体的反応，抑うつ・不安，怒り，無気力の4因子から構成されているため，それぞれの因子ごとに結果を見ていく。

まず，中学3年間における身体的反応の得点を4つの生徒指導タイプごとに示した（Fig. 7-3-3）。

生徒指導タイプの主効果は有意ではなかった（$F(3,195) = 1.04$, $n.s.$）。調査時期の主効果は有意であった（$F(2,390) = 11.14$, $p<.01$）。生徒指導タイプ×調査時期の交互作用は有意であった（$F(6,390) = 2.49$, $p<.05$）。

交互作用が有意であったため，単純主効果検定を行った。その結果，生徒指導上昇群における調査時期の主効果が有意であった（$F(2,390) = 14.63$, $p<.01$）。

多重比較の結果，生徒指導上昇群の1年次の身体的反応得点（$M = 2.33$）は，3年次の身体的反応得点（$M = 1.50$）よりも高かった。生徒指導上昇群は，進級していくにつれて，身体的反応が低下することが明らかとなった。

次に，中学3年間における抑うつ・不安の得点を4つの生徒指導タイプごとに示した（Fig. 7-3-4）。

生徒指導タイプの主効果は有意ではなかった（$F(3,195) = 2.06$, $n.s.$）。調査時期の主効果は有意ではなかった（$F(2,390) = 2.18$, $n.s.$）。生徒タイプ×調査

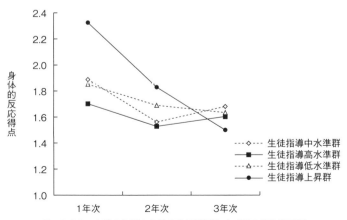

Fig. 7-3-3　中学3年間から見る生徒指導タイプ別の身体的反応

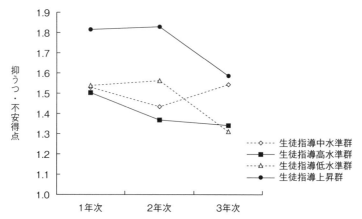

Fig. 7-3-4　中学3年間からみる生徒指導タイプ別の抑うつ・不安

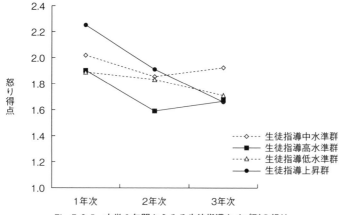

Fig. 7-3-5　中学3年間からみる生徒指導タイプ別の怒り

時期の交互作用は有意ではなかった（$F(6,390) = 0.74$, n.s.）。抑うつ・不安に関しては，生徒指導の影響と調査時期の影響は見られなかった。

次に，中学3年間における怒りの得点を4つの生徒指導タイプごとに示した（Fig. 7-3-5）。

生徒指導タイプの主効果は有意ではなかった（$F(3,195) = 0.61$, n.s.）。調査時期の主効果は有意であった（$F(2,390) = 4.26$, $p < .05$）。生徒タイプ×調査時期の交互作用は有意ではなかった（$F(6,390) = 0.76$, n.s.）。

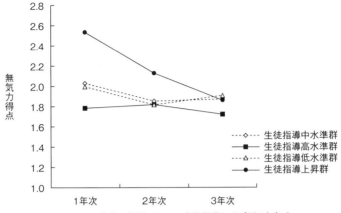

Fig. 7-3-6 中学3年間からみる生徒指導タイプ別の無気力

調査時期に関する多重比較の結果，3年次の得点（$M=1.75$）は，1年次の得点（$M=2.02$）よりも低かった。2年次の得点（$M=1.80$）は，1年次の得点（$M=2.02$）よりも低かった。

怒りは，1年次が最も高く，2年次，3年次と進級するにつれて怒り得点は低下していく傾向にあることが明らかとなった。

次に，中学3年間における無気力の得点を4つの生徒指導タイプごとに示した（Fig.7-3-6）。

生徒指導タイプの主効果は有意ではなかった（$F(3,195)=1.75, n.s.$）。調査時期の主効果は有意であった（$F(2,390)=5.19, p<.01$）。生徒タイプ×調査時期の交互作用は有意傾向であった（$F(6,390)=1.90, p<.10$）。

調査時期に関する多重比較の結果，3年次の得点（$M=1.84$）は，1年次の得点（$M=2.08$）よりも低かった。2年次の得点（$M=1.90$）は，1年次の得点（$M=2.08$）よりも低かった。

無気力は，1年次が最も高く，2年次，3年次と進級するにつれて無気力得点は低下していく傾向にあることが明らかとなった。

生徒指導タイプとストレス反応の関係についてのまとめ　生徒指導上昇群は，進級するにつれて身体反応の得点が低下していた。Fig.7-3-1に示したように，生徒指導上昇群は，1年次から2年次にかけて教師からの生徒指導が高

まる群である。1年次に身体反応のようなストレス反応が高かったとしても，1年次から2年次にかけての教師による生徒指導が高まることによって，生徒指導上昇群のストレス反応は軽減されることが示された。

生徒指導タイプと学級の雰囲気の関係

次に，中学3年間における学級の雰囲気の得点を4つの生徒指導タイプごとに示した（Fig. 7-3-7）。

生徒指導タイプの主効果は有意であった（$F(3,195)=3.92, p<.01$）。調査時期の主効果は有意であった（$F(2,390)=16.34, p<.01$）。生徒指導タイプ×調査時期の交互作用は有意ではなかった（$F(6,390)=1.38, n.s.$）。

生徒指導タイプに関する多重比較の結果，生徒指導高水準群の得点（$M=2.81$）は，生徒指導中水準群の得点（$M=2.62$）よりも高かった。また，生徒指導高水準群の得点（$M=2.81$）は，生徒指導低水準群の得点（$M=2.44$）よりも高かった。

3年間を通して生徒指導の水準が高い群は，学級の雰囲気を良好なものとして捉えていることが明らかとなった。

調査時期に関する多重比較の結果，3年次の学級雰囲気得点（$M=2.81$）は，2年次の得点（$M=2.61$）よりも高く，2年次の得点（$M=2.61$）は，1年次の

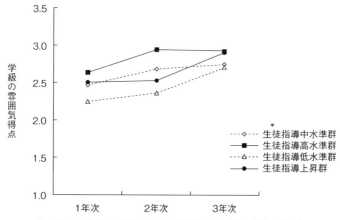

Fig. 7-3-7　中学3年間から見る生徒指導タイプ別の学級の雰囲気

得点（$M=2.45$）よりも高かった。学級の雰囲気は，学年が上がるにつれて良好になっていくことが明らかとなった。

生徒指導タイプと対人関係（教師，友人）の関係

中学3年間における教師関係の得点を4つの生徒指導タイプごとに示した（Fig. 7-3-8）。

生徒指導タイプの主効果は有意であった（$F(3,195)=25.33, p<.01$）。調査時期の主効果は有意であった（$F(2,390)=23.63, p<.01$）。生徒タイプ×調査時期の交互作用は有意であった（$F(6,390)=11.04, p<.01$）。

交互作用が有意であったため，単純主効果検定を行った。その結果，生徒指導低水準群における調査時期の主効果が有意であった（$F(2,390)=5.48, p<.01$）。

多重比較の結果，生徒指導低水準群の3年次の教師関係の得点（$M=2.37$）は，1年次の得点（$M=1.99$）よりも高かった。また，3年次の教師関係の得点（$M=2.37$）は，2年次の得点（$M=1.86$）よりも高かった。生徒指導低水準群であっても，3年次の教師関係は，1年次と2年次よりも良好な関係になっていることが明らかとなった。

生徒指導上昇群における調査時期の主効果が有意であった（$F(2,390)=48.68, p<.01$）。多重比較の結果，生徒指導上昇群の2年次の教師関係得点（M

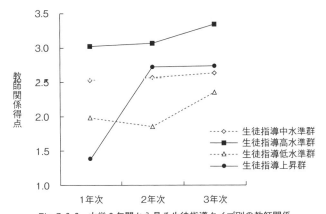

Fig. 7-3-8　中学3年間から見る生徒指導タイプ別の教師関係

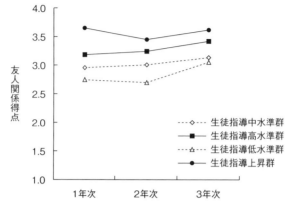

Fig. 7-3-9　中学3年間から見る生徒指導タイプ別の友人関係

＝2.73）は，1年次の教師関係得点（M＝1.38）よりも高かった。また，3年次の教師関係得点（M＝2.75）は，1年次の教師関係得点（M＝1.38）よりも高かった。生徒指導上昇群は，進級していく中で教師関係が良好になっていくことが明らかとなった。

　中学3年間における友人関係の得点を4つの生徒指導タイプごとに示した（Fig. 7-3-9）。

　生徒指導タイプの主効果は有意であった（$F(3,195)$＝7.96, p＜.01）。調査時期の主効果は有意であった（$F(2,390)$＝4.56, p＜.05）。生徒タイプ×調査時期の交互作用は有意ではなかった（$F(6,390)$＝0.69, $n.s.$）。

　生徒指導タイプに関する多重比較の結果，生徒指導上昇群の得点（M＝3.58）は，生徒指導低水準群の得点（M＝2.85）よりも高かった。生徒指導上昇群の得点（M＝3.58）は，生徒指導中水準群の得点（M＝3.04）よりも高かった。生徒指導高水準群（M＝3.29）は，生徒指導低水準群の得点（M＝2.85）よりも高かった。生徒指導高水準群（M＝3.29）は，生徒指導中水準群の得点（M＝3.04）よりも高かった。

　調査時期に関する多重比較の結果，3年次の得点（M＝3.32）は，1年次の得点（M＝3.14）よりも高かった。また，3年次の得点（M＝3.32）は，2年次の得点（M＝3.11）よりも高かった。3年次の友人関係が最も良い結果となった。

生徒指導タイプと対人関係についてのまとめ　生徒指導タイプと対人関係の結果では，教師関係の得点において生徒指導タイプの効果が見られた。

生徒指導上昇群は，1年次の時点では教師関係の得点が4つの群の中で最も低かった。しかし，1年次から2年次へ進級する過程で，教師関係の得点が顕著に上昇していた。1年次から2年次にかけて教師から生徒に対する生徒指導が高まると，生徒は教師との関係が良くなったと感じるようになることが示された。

生徒指導低水準群は，3つの地点において他の群よりも教師関係の得点の水準が低い。しかし，2年次から3年次へ進級する過程で，教師関係の得点が上昇する傾向が見られた。生徒指導低水準群は，他の3つの群と比べると3年間，生徒指導の得点が平均よりも低い群であるが，2年次から3年次にかけては生徒指導の得点が上昇しており，生徒指導の得点はV字型の推移を示していた（Fig.7-3-1）。生徒指導低水準群は，全般的に生徒指導の得点は低いものの，2年次から3年次にかけて生徒指導の得点が高まることによって，教師関係が改善される傾向にあることが示された。

考　察

中学3年間にわたる縦断調査をもとに，生徒指導と中学生の学校適応の関連を検討した。生徒指導タイプとして，生徒指導中水準群，生徒指導高水準群，生徒指導低水準群，生徒指導上昇群の4つの群が抽出された。

4つの生徒指導タイプごとに，生徒の学校適応を検討した結果，1年次から2年次にかけて生徒指導が上昇する生徒指導上昇群において，身体的反応の低下と教師関係の改善が見られた。1年次，2年次，3年次のうち，2年次において教師からの生徒指導が高まると，生徒の学校適応が促進される結果が明らかとなった。第2節同様，第3節においても，生徒の学校適応を促進していく上では，2年次において，能動的な関わりと事後的な関わりの両方を用いた生徒指導が重要であることが明らかとなった。

第2節同様に，将来への見通し（都筑，2008）をもとに考えると，教師からの生徒指導を受けて，2年次から学校生活を切り替え，中学3年以降の将来のことについても見通しを持って生活できるようになる生徒が，生徒指導上昇群

であろう。

第4節　本章のまとめ

第7章では，以下の結論が得られた。
まず，第1節では以下の2つが明らかとなった。

（1）　問題行動の要因として挙げられてきた，セルフコントロールと規範意識を高めるためには，教師が日々の関わりを通して生徒に能動的に働きかけていく能動的関わりが重要であった。
（2）　従来の研究で扱われてきた事後的指導からは，規範意識を高める影響が見られた。さらに事後的指導は，一般生徒の問題行動を抑制していた。

次に，第2節では以下のことが明らかとなった。

（3）　生徒のプラスの面である向学校的行動に注目し，生徒の向学校的行動を促進することによって，相対的に問題行動が減少していく傾向が示唆された。そのためには，教師が能動的に生徒と関わり，日々の関わりを通して生徒の2年次における向学校的行動を促進することが必要であった。向学校的行動を介した間接的問題行動抑制モデルが実証的に明らかにされた。

最後に，第3節では以下の2つが明らかとなった。

（4）　1年次から2年次にかけて生徒指導が顕著に高まる生徒指導上昇群において，ストレスの低下と教師関係の改善がみられた。1年次から2年次の進級において，生徒が教師からの生徒指導を高く感じられるようになると，ストレスの低下や教師関係の改善といった学校適応が促進されることが明らかとなった。
（5）　4つの群のなかで3年間生徒指導の水準が最も低い生徒指導低水準群

であっても，2年次から3年次にかけて生徒指導が高まることによって，教師関係が改善されることが明らかとなった。

以上より，以下の示唆を得られた。

生徒の問題行動を抑制するにあたっては，事後的な関わりよりも，日々の関わりを通して教師が生徒に能動的に関わり，関係を作っていくことが必要である。非行予防プログラムといった特別なことをするのではなく，日常的に教師が生徒と関わっていくことが必要であることが示された。

向学校的行動を介して生徒の問題行動を抑制していくためには，2年次における教師から生徒への生徒指導が重要であることが示された。

3年間の学校生活の中で，1年次から2年次にかけて，教師から生徒への生徒指導が高まると，ストレスの低減や生徒と教師の関係改善といった学校適応が促進されることが示された。中学校3年間という一般的な学校場面においても，能動的関わりと事後的関わりの2つの生徒指導が，生徒の学校適応に与える影響が明らかにされた。

終章

中学校における生徒指導と生徒の学校適応

2005年から2010年にかけて調査を実施してきた。延べ人数にして，およそ4,700名の中学生と11名の教師からデータを得た。調査から得られたデータをもとに，「学校集団」，「教師」，「生徒」，の3つの関係から，中学生の学校適応について検討を行った。

第3章，第4章，第6章，第7章の実証研究から明らかになった結果を以下にまとめる。本研究が，中学校における生徒指導と生徒の学校適応に対して，明らかにしてきた点を述べる。

第1節 | 本研究で明らかにされた知見とまとめ

第3章では，学校集団が生徒の問題行動に与える影響を検討した。学校集団の影響を受けて生徒個人が問題行動を引き起こすのはなぜなのかを，動機にもとづいて検討することを目的とした。

第1節では，生徒の規範を捉える規範意識尺度と，生徒の学校不適応を捉える問題行動経験尺度を構成した。規範意識尺度は1次元から構成された。問題行動経験尺度は，対教師的問題行動，対学校的問題行動，対生徒的問題行動の3つの因子から構成された。

次に，学校集団レベルの規範文化と，生徒個人レベルの規範意識の2つの変数を扱い，学校内問題行動の経験量を検討した。その結果，規範文化の影響が見られ，生徒の問題行動には学校集団も影響していることが明らかとなった。

第2節では，〈規範文化の低い学校〉と〈規範文化の高い学校〉を対比させ，生徒が問題行動を引き起こす動機に違いが見られるのかを検討した。まず，問題行動動機尺度を構成した。問題行動動機尺度は，不快感情解消動機，友達への同調動機，評価懸念動機，楽しさ追求動機の4つの因子から構成された。尺度を構成した上で，規範文化の高低の水準別に問題行動動機と問題行動経験の関係を検討した。その結果，〈規範文化の低い学校〉の生徒と，〈規範文化の高い学校〉の生徒では，問題行動を引き起こす動機に違いが見られた。学校が持つ規範文化の水準に応じて，生徒は問題行動を引き起こす動機を変化させ，自分自身の行動を正当化し，問題行動を引き起こすことが明らかとなった。

第3章の結果から明らかになった知見は，生徒個人レベルの変数だけでなく，

学校集団の影響を受けて，中学生は問題行動を引き起こすことであった。従来の研究では，学校集団と生徒を切り離し，個人レベルの変数から問題行動についての検討が行われてきた。第3章より，学校集団と生徒を切り離さず，ある学校集団に属する生徒として，問題行動や学校適応の問題をみていく必要性が示唆された。

　第3章の課題としては，横断的研究にもとづいた検討になっており，学校集団が生徒に及ぼす影響が十分に捉えきれていないことが挙げられた。縦断的な研究方法を用いて，学校集団の変化とそれにともなう生徒個人の変化を，環境移行を通して検討することで，学校集団が生徒の学校適応に及ぼす影響を捉える必要があった。

　第4章では，教師と生徒の両者に行った面接調査をもとに，事後的な指導に偏って捉えられてきた生徒指導と，逸脱的な側面に偏って研究されてきた生徒の学校適応を従来の研究よりも広い視点で捉え直した。

　第1節では，公立中学校で生活指導主任として勤務していた教師と，その教師から生徒指導を受けていた生徒に面接調査を行った。そして，生徒のどのような様子に注目しながら，教師は生徒と関わっているのかを検討した。さらに，生徒は，教師の生徒指導をどのように受け止め評価しているのかを検討した。

　その結果，以下のことが明らかとなった。

　まず，教師を対象とした面接調査の結果，2つのことが明らかとなった。1つ目は，教師は問題行動といった生徒のネガティブな面だけに注目しているのではなく，生徒の得意な部分や他の生徒よりも秀でている部分にも注目していた。2つ目は，学校を立て直すにあたっては，教師が中学生に学校内で取り組ませたいと考えていることを徹底させていくことが必要であることが明らかとなった。

　次に，生徒を対象とした面接調査の結果，2つのことが明らかとなった。1つ目は，生徒が引き起こした問題に対して一貫して注意し，指導を続けた教師のことを「自分のことを見捨てなかった教師」として肯定的に振り返っていた。2つ目は，生徒が問題を引き起こしたときには指導を行い，生徒が問題を引き起こしていないときには雑談などを通して生徒と関わるといったように，生徒の様子に合わせて関わり方を明確に使い分ける教師のことを，生徒は肯定的に

評価していた。

　第2節では，公立中学校に勤務する教師に自由記述調査を実施し，学校内の活動に取り組む生徒のエピソードや，生徒に対してどのように関わってきたのか，教師から生徒への関わり方の具体的なエピソードを検討した。学校内における生徒の様子としては，1）興味・関心の狭い生徒，2）状況により取り組みが変化する生徒，3）他者へ配慮する生徒，4）当たり前のことを当たり前にできる生徒，5）リーダーシップを発揮する生徒，の大きく5つの生徒タイプが明らかとなった。教師から生徒への関わり方としては，1）日常的な関わり，2）生徒を見守る関わり，3）信頼関係を築くための関わり，4）役割を与える関わり，5）生徒を励ましほめる関わり，6）行事など特別な場面における関わり，7）辛抱強く生徒の問題に向き合う関わり，8）生徒が引き起こした問題への徹底的な関わり，以上8つの生徒への関わり方が明らかとなった。

　第3節では，まず学校内での生徒の様子に関するエピソードをもとに，学校内における遵法的な文化に対応する向学校的行動尺度を構成した。その結果，向学校的行動尺度は，学校生活関与行動と学校生活順守行動の2つの因子から構成された。次に，生徒指導に関するエピソードをもとに，生徒に対する教師の関わり尺度を構成した。その結果，能動的な関わりと事後的な関わりの2つの因子から構成される生徒に対する教師の関わり尺度を明らかにした。

　第4章では2つの知見が明らかとなった。1つ目は，逸脱的な問題行動のみから生徒の学校適応を捉えるのではなく，学校生活に意欲的に取り組む向学校的行動からも生徒の学校適応を捉えることの重要性である。

　2つ目は，教師が生徒と日常的に関わる能動的関わりと，生徒が問題を起こした場面に教師が生徒と関わる事後的関わりの2つから，中学校における生徒指導を考えることである。従来の問題行動や非行の研究では，生徒の逸脱的な面に注目し，問題行動を減らしていくための心理的要因が主に検討されてきた。第4章より，問題行動と向学校的行動の2つの行動指標を対して生徒を捉えることにより，生徒の問題行動を減らす視点だけでなく，生徒の向学校的行動を促進するために何が必要なのかを検討できるようになった。さらに従来の問題行動研究では，生徒指導のうち生徒が問題を起こした後に行われる事後的な指導にもとづいて生徒の問題行動や学校適応が検討されてきた。第4章より，

従来の事後的関わりだけでなく，学校生活に関与している生徒に，教師が日々の生活の中で関わる能動的関わりが，生徒にどのような影響を与えているのかを検討できるようになった。

　第4章の課題は2つ挙げられた。1つ目の課題は，教師を対象とした調査から，教師から生徒への関わり方をインタビュー調査や自由記述調査をもとに探索的に検討していた点であった。4章で明らかにされた生徒指導を捉える教師の関わり尺度を用いて，生徒指導の効果を，生徒の学校適応や生徒の問題行動を通して実証的に明らかにする必要があった。

　2つ目の課題は，生徒の向学校的行動と問題行動の2つの行動指標を捉える尺度を明らかにしたが，どのような要因が問題行動を抑制し，何が向学校的行動を促進するのかは検討できていなかった。これまでの先行研究で問題行動の要因とされてきた変数を扱いながら，問題行動を抑制し，向学校的行動を促進する要因を，量的調査から明らかにしていく必要があった。また，向学校的行動を促進し，問題行動を抑制する生徒指導についても検討する必要があった。

　第5章では，従来行われてきた研究の限界と，第3章と第4章で明らかになった知見をもとに，第3部の第6章と第7章で検討する課題を述べた。第Ⅲ部の課題は，学校における教師と生徒を1つの単位とし，複数の場面から生徒の学校適応と生徒指導の効果を検討することであった。

　第6章では，学校集団と生徒の影響関係を，学校統廃合という学校集団の再編成場面を通して縦断的な調査から検討した。さらに，学校集団の再編成という危機的環境移行場面を通して，生徒指導の効果を検討した。

　第1節では，学校統廃合による学校集団の再編成過程を経験することによって，中学生にどのような変化が生じるのかを心理学的に明らかにした。その結果，学校統廃合前に相対的に小規模の学校に所属していた生徒は，学校集団の再編成を通して，ストレス反応の上昇，学校享受感の低下，学校への所属意識の低下，クラスの雰囲気の悪化を感じていることが明らかとなった。学校集団の再編成は，小規模校の生徒の学校適応に対してより強い影響を与えることが明らかとなった。

　第2節では，能動的関わりと事後的関わりの生徒指導によって構成された生徒指導タイプ別に，学校統廃合という学校集団の再編成過程における学校適応

の変化に，生徒指導がどのような影響を及ぼすのかを検討した。そして，学校集団の再編成過程において生徒の心理的負担を軽減する生徒指導タイプを明らかにした。その結果，学校集団の再編成前後に一貫して生徒指導の水準の高い生徒指導高水準群の生徒は，学校集団の再編成を経験しても，ネガティブな心理的変化は少なかった。さらに，学校集団再編成前に，生徒指導の水準が低くても，学校集団再編成後に生徒指導が上昇する，再編成後生徒指導上昇群は，環境移行を経験することによる心理的負担は小さい傾向が見られた。

　第6章では，3つの知見が明らかとなった。1つ目は，学校統廃合という学校環境の変化が，個々の生徒の学校適応に影響を与えていたことであった。特に，小規模校出身の生徒において，学校集団の再編成という危機的環境移行の影響が顕著にみられた点であった。この結果から，生徒の学校適応を個人レベルの要因から捉えるだけでは不十分であり，学校が持つ雰囲気，教師と生徒の関係，生徒間の関係など，学校と生徒を切り離さずに学校適応研究を行う必要性が示唆された。

　2つ目は，学校集団の再編成過程で，教師と生徒の関係も再構築され，生徒指導が変わることによって，危機的移行を経験する生徒の学校適応を促進できる可能性が示唆されたことであった。学校統廃合という学校集団の再編成過程では特に，教師が異動したり，生徒数が増えたりすることにより，教師と生徒の新しい関係構築が行われる。学校集団の再編成過程に焦点を当て，生徒指導と生徒の学校適応の関係を検討したことにより，生徒に対する教師の関わり方の変化が生徒個人の心理的変数に与える影響を見ていくことができた。生徒個人レベルの変数だけに焦点を当てた研究では，生徒の学校不適応や問題行動の原因は，その生徒個人にあり，その介入も生徒個人に行うべきといった視点になりがちである。学校統廃合という環境の変化が，良い意味でも悪いでも生徒の学校適応に影響することが明らかになったことで，学校環境の質が変わることが生徒の学校適応に与える影響の大きさを改めて確認することができた。生徒を変えるよりも，学校集団の質を変えることで，生徒個人に働きかけていくアプローチの有効性が明らかとなり，教育現場でおきている問題への対応を考える視点の転換を行うことができる。特に，教師の生徒に対する関わり方を考え直す重要性が示唆された。

3つ目は，一部の生徒にとって，学校集団の再編成が行われる危機的環境移行が，学校への適応の契機となるということである。学校統廃合のような学校集団の再編成は，多くの生徒にとって負担を伴うものであった。しかし，学校集団再編成前に，すでに不適応傾向にあった生徒であっても，学校集団再編成後に生徒指導が上昇すると学校適応は促進されていた。学校集団の再編成が，友人関係や教師関係を再構築できる機会となると考えられるため，もともと不適応傾向にあった生徒にとっては，学校集団の再編成が学校への適応を促進する契機になると考えられた。

第7章では，生徒指導の効果を，生徒の問題行動と3年間の学校生活への適応を通して検討した。

第1節では，横断的な調査をもとに，能動的関わりと事後的関わりの2つの生徒指導が，問題行動と向学校的行動に与える影響を検討した。その結果，教師が生徒と日々関わる能動的関わりは，問題行動や非行の要因として注目されている攻撃性を低め，セルフコントロールを高める影響があることが明らかとなった。また，能動的な関わりは，生徒の向学校的行動を促進することが明らかとなった。従来の研究で扱われてきた事後的な関わりからは，規範意識を高める影響のみが見られた。また，事後的な関わりからは，一般生徒の対教師的問題行動と対学校的問題行動を抑制する効果が見られたが，問題生徒においては，対教師的問題行動のみを抑制する結果であった。

第2節では，向学校的行動を促進することによって相対的に生徒の問題行動が減少していく，向学校的行動を介した間接的問題行動抑制モデルを中学3年間の縦断調査から検討した。その結果，中学2年次の向学校的行動が促進されることによって，中学3年次の問題行動が抑制される結果が得られた。さらに，向学校的行動を介した間接的問題行動抑制モデルにおいて，2年次の向学校的行動を促進するためにはどのような生徒指導を行うことが必要なのかを検討した。その結果，能動的関わりが2年次の向学校的行動を促進する傾向にあることが明らかとなった。

第3節では，中学3年間の縦断調査から，生徒指導と学校適応の関係を検討した。その結果，1年次から2年次にかけて生徒指導が高まる生徒指導上昇群において，ストレス反応の低下や教師関係の改善がみられ，学校適応が促進さ

第7章では，3つの知見が明らかとなった。1つ目は，向学校的行動を通して中学生の問題行動を理解する有効性である。従来の研究では，問題行動や非行といった生徒の逸脱的な面のみに注目し，その要因を明らかにすることで，問題行動をいかに減らしていくのかという視点からなされた研究が多かった。しかし，問題行動の要因として，経済的な状況などの家庭環境要因，幼少期の親子関係などの生育歴などが指摘されてきた（小坂・佐藤，2004）。これらの要因は，学校現場で介入していくのが難しいものである。向学校的行動を組み込んで中学生の問題行動を検討することにより，問題行動を減らそうとするのではなく，生徒の向学校的行動を促進するためには何ができるかを考えていくことができるため，実践現場で対応する際に教師が生徒をみる視点の転換を促すことができる。

2つ目は，能動的関わりを通して中学生の学校適応の問題を検討する有効性である。従来の研究では，事後的な指導や消極的指導と呼ばれる生徒指導のみから，問題行動や非行についての検討が行われてきた。しかし，能動的関わりを通した結果，生徒の攻撃性や衝動性を低め，規範意識を高める効果が見られただけでなく，向学校的行動を促進する結果が見られ，能動的な関わりが生徒に与える影響の強さが明らかにされた。能動的な関わりから明らかになったのは，教師が生徒に学校生活の日常的な場面で日々関わっていくことの重要性である。学校現場で問題が起きると，教師は生徒に特別な配慮をしたり，問題行動予防プログラム（Gottfredson & Gottfredson, 2002；森下，2004）など特別な取り組みを行おうとしがちである。しかし，時間的にも余裕のない学校現場で，普段の業務に加えてさらに新しい取り組みを実施するのは学校現場にとっては負担となる。7章で明らかになったのは，学校内でトラブルを起こしがちな生徒であっても，その生徒が問題行動などの不適応を起こさず，学校生活に関与しながら適応している場面や状況に注目し，教師が日々関わっていくことこそが，生徒の学校適応を促進していく上で必要であるということである。特に，中学2年次において，教師が生徒との日々の関わりを持つことが，中学3年次の学校適応を促進することにつながっていた。最高学年である中学3年次に，生徒にどんな姿になっていてほしいのか，教師が中学3年間の見通しを持

ちながら，生徒指導を行うことが必要であることが示唆された。

　3つ目は，年次ごとに生徒指導を見たときに，1年次から2年次への進級において，生徒指導が高まると，中学生の学校生活への適応が促進されるということである。1年次に不適応であっても，2年次に生徒指導が高まることで2年次の学校適応が促進され，2年次の学校適応が促進されると3年次の学校適応も促進されていた。1年次は学校生活への適応が良くなかったとしても，2年次からの手厚い生徒指導は，不適応だった生徒を学校に適応させていく転換点となりうることが示された。

第2節 │ 総合考察と実践への示唆

　本研究では中学生を対象とし，学校の中でおきる生徒の問題行動と生徒の学校適応，教師の生徒指導，教師の生徒指導と生徒の学校適応について検討を行ってきた。生徒の学校適応，教師の生徒指導，教師の生徒指導と生徒の学校適応の3つの視点にもとづくと，本研究の目的は，以下の3つにまとめられる。

　第1に，学校とそこに属する教師と生徒を切り離さずに1つの単位としてみたときに，学校集団から生徒に対する影響を明らかにすることであった。この課題を，2つの調査をもとに検討した。1つ目は，規範文化の高低の水準別に問題行動動機と問題行動の関係を検討し，学校集団レベルの規範文化が生徒の問題行動を促進する影響を明らかにした。2つ目は，学校統廃合をもとに学校集団の再編成が生徒の学校適応に与える影響を検討した。

　第2に，教師は，生徒のどのような様子に注目して生徒指導を行っているのか，そして，教師は生徒への関わり方をどのように使い分けているのかを明らかにすることであった。この課題を，3つの調査をもとに検討した。1つ目は，生活指導主任を対象としたインタビュー調査と，その教師から頻繁に指導されていた生徒を対象としたインタビュー調査から，教師の生徒指導について探索的な研究を行った。2つ目は，教師を対象とした自由記述調査から，生徒指導と生徒の様子に関する具体的な項目の収集を行った。3つ目は，生徒を対象とした量的調査から，教師の生徒に対する関わり尺度と，生徒の向学校的行動尺度を構成した。

第3に，生徒の学校適応を促進する教師の生徒指導を，様々な学校場面から明らかにすることであった。この生徒指導と学校適応の関係を，3つの調査をもとに検討した。1つ目は，学校統廃合にともなう学校集団の再編成を経験し，危機的環境移行によって生じた生徒の心理的負担を軽減する生徒指導の効果を明らかにした。2つ目は，中学生の問題行動を抑制し，向学校的行動を促進する生徒指導の効果を横断的調査から明らかにした。3つ目は，中学3年間の学校生活を対象に，生徒の学校適応を促進する生徒指導の効果を明らかにした。

1．学校集団の中にいる生徒の学校適応

　中学生の問題行動の従来の研究では，攻撃性，衝動性，規範意識といった個人レベルの変数をもとに生徒を分類し，問題行動と関連する要因が明らかにされてきた。本研究では学校を1つの単位とし，〈規範文化の低い学校〉と〈規範文化の高い学校〉を比較しながら，問題行動動機と問題行動の関係を検討した。その結果，学校が持つ規範文化の水準によって，生徒の動機と問題行動の関連が異なっていた。学校が持つ規範文化の影響を受けて，問題行動を引き起こすときの生徒の動機が異なっているのだと言える。次に，学校統廃合の過程を対象とし，学校集団の再編成と生徒の相互作用を縦断的な調査から検討した。従来の研究では，横断調査によって学校生活のある一部分のみを切り取って生徒の学校適応を論じているものが多かった。本研究では，学校集団の再編成前と再編成後を対象とした縦断研究にもとづき，学校集団と生徒の相互作用を検討した。その結果，統廃合を経験した生徒のうち，学校集団の再編成前において学校への適応が良かった小規模校出身の生徒は，統廃合を経験することで心理的負担が増大していた。これは，学校の雰囲気，教師と生徒の関係，生徒同士の関係などの学校集団が生徒個人に影響することを示す結果である。学校とそこにいる教師と生徒を1つの単位とし，学校集団と生徒個人の間にある相互作用を踏まえて，中学生の学校適応の問題を検討する必要性が明らかにされた。

　従来の研究は，個人レベルの変数に注目し，問題行動などの不適応を個人の問題として捉えようとしてきた（岡安・嶋田・丹羽・森・矢冨，1992；米川，1996）。学校と生徒を切り離さず〈教師－生徒〉から構成される学校を単位とし，問題行動や学校適応は，学校内で集団と生徒個人の相互作用の中で起きること

として，中学生の学校適応を捉えなおす枠組みを提示することができる。

2．教師の生徒指導

　教師を対象としたインタビュー調査の結果，教師は生徒の問題行動といったネガティブな面だけではなく，生徒が持つ資源や能力といったポジティブな面にも注目していた。また，荒れている学校を立て直すにあたっては，中学生として学校内で取り組んで当たり前と教師が考えていることを学校内で徹底させていくことであると考えていることが明らかとなった。教師は，「〜をさせない」と何かを禁止するような関わり方ばかりをしているわけではなく，「生徒に〜できるようになってほしい」と生徒を学校生活に巻き込もうとして生徒に働きかけていた。生徒を対象とした回想的なインタビュー調査の結果，生徒が肯定的に評価する教師には２つの特徴があった。１つ目は，生徒が学校内で問題行動を引き起こしていたときに，見て見ぬふりをするのではなく，それに向き合う教師であった。２つ目は，生徒が過去に引き起こしたトラブルを蒸し返したりせず，目の前の生徒の様子に合わせて関わり方にメリハリをつける教師であった。

　教師は，学校の中で生徒が取り組んで当たり前な行動を促進させようとする視点も持ちながら，生徒への指導を行っていることが明らかとなった。問題行動を減らそうとする視点は，マイナスの状態をゼロへと近づけるアプローチである。一方で，生徒が学校で取り組んで当たり前と教師が考える行動を促進する視点は，ゼロからプラスへ，そしてプラスの状態をさらにプラス方向へと拡大していくアプローチである。中学生の問題行動を研究するにあたっては，マイナスの状態をゼロに近づけるアプローチだけではなく，ゼロからプラス方向へと拡大するアプローチを併用する必要性を提示することができた。

　教師を対象とした自由記述調査から，学校内での生徒の様子と，生徒に対する関わり方の具体的なエピソードを明らかにした。それをもとに，能動的関わりと事後的関わりの２因子から構成される生徒指導尺度を明らかにした。また，学校内で生徒が取り組んで当たり前と教師が考える行動を向学校的行動と命名し，向学校的行動尺度を構成した。これまでの生徒指導の研究は，問題行動のようなネガティブな現象を対象とし，事後的指導や消極的指導といった問題焦

点型の側面から研究が行われてきた。従来の生徒指導研究に，能動的関わりを加えることにより，生徒が学校生活に意欲的に取り組む向学校的行動のようなポジティブな状態にも焦点を当てることができるようになった。問題場面焦点型の生徒指導だけでなく，非問題場面焦点型の能動的関わりから中学生の学校適応を検討できるようになった。問題場面焦点型においては，生徒の問題行動というマイナスの部分にしか注目できなかったが，非問題場面焦点型の能動的関わり方を教師が持つことで，生徒はプラスの面とマイナスの面の両方を持つ存在として，教師は生徒を捉えられるようになった。

　生徒は学校の中で，プラスの面（向学校的行動や適応的な状態）とマイナスの面（問題行動や不適応な状態）の両方をみせている。これまでは，実践レベルでも研究レベルでも，問題場面を観察するモデルが主であった（吉川，1999）。問題に目が向きがちになることで，生徒が示すマイナス面に関する原因の解明になる。それによって，教師が生徒にとる対応の選択肢も限られてくる。しかし，生徒のマイナスの面はあるものの，それと同時にプラスの面もみせていると生徒の捉え方を広げることで，次のような問いを立てることができる。それは，「確かに学校内でトラブルを起こしている生徒であるが，一方で，どうして生徒は学校の中で，部活や行事に意欲的に取り組む姿を見せることができるのか」である。家庭環境や生育歴ではなく，その生徒が今持っている資質，生徒間の関係，教師と生徒の関係，学校集団と生徒の関係といった中から，解決への糸口を見つけることができるだろう。「これまでの生育歴や家庭環境を考えると，不適応を起こしてもしょうがない」と教師が打つ手なしの状態にとどまるのではなく，「荒んだ家庭環境で育ってきたにもかかわらず，どうして学校に来て，頑張ることができているのか，その生徒の支えとなっているものは何か？」のように問うことで，教師から生徒への関わり方を試行錯誤し続けていくことができる。

　発達的な観点から捉えると中学校内の問題行動は，第二次反抗期特有の問題とも考えられる（Moffitt, 1993）。親や教師に反抗することや，大人が用意した枠から逸脱することは，自己の確立など発達的な意味もある。したがって，生徒の問題行動を抑えつけようとする対応では限界がある。遵法的な文化と逸脱的な文化を行き来しながら（Matza, 1964），成長する青少年の発達を促してい

く視点を持った生徒指導が重要になる。このためには，生徒が学校に来て当たり前に生活している場面や状況においてこそ積極的に関わり，生徒のプラスの面（向学校的行動）を伸ばす生徒指導が求められる。従来の研究のように，事後的な指導に重点を置くと，生徒がトラブルを起こすまで教師が待ちの姿勢でいるような前提があった。しかし，本研究の結果から，待ちの姿勢の生徒指導から，教師側から生徒に対して能動的に関わる指導への転換が重要であることが明らかにされた。待ちの姿勢を取りながらも，同時に教師から積極的に動き，関わる指導を行うことが重要である。この教師から積極的に動き関わる指導は，やみくもに生徒に関わろうとするのではなく，休み時間や給食の時間，廊下で教師と生徒がすれ違う時，放課後など，何気無い場面でさりげなく教師が生徒に声をかけるような働きかけ方である点を留意しておく必要がある。

３．教師の生徒指導と生徒の学校適応

学校統廃合という危機的な環境移行，中学校生活における問題行動と向学校的行動，３年間の学校生活という３つの状況を取り上げた。そして，３つの状況それぞれにおける，能動的関わりと事後的関わりの２つの生徒指導の効果を明らかにした。

危機的環境移行期に生徒指導が低下したと感じる群は，危機的環境移行後の心理的負担が増大し，不適応傾向を示していた。しかし，危機的環境移行期に教師からの生徒指導が手厚くなったと感じる生徒は，他のタイプの生徒よりも心理的負担の増加が少なく，危機的環境移行前の水準を維持できていた。統廃合のような危機的環境移行であっても，能動的関わりと事後的関わりの両方の指導が，その前後で手厚く行われることにより，生徒の心理的負担は軽減されると考えられる。少子化により学校統廃合は近年，増えてきたと言われるが，大部分の中学生にとっては馴染みのない特殊で危機的な環境移行である。危機的環境移行において，生徒指導の効果を実証的に明らかにしたことにより，生徒指導分野の研究に新たな知見を加えることができたと言えるだろう。統廃合は教師が異動したり，教師と生徒関係，生徒と生徒の関係に変化が生じたりする。その環境の変化は，子どもたちに負担を生じさせるものではあるが，生徒によっては，統廃合とともに教師関係が一新され，その後の学校適応が促進さ

れるケースがあることが明らかにされた。つまり，中1ギャップ（神村・上野，2015）のような環境の変化は，なるべく小さくするべきものとして考えられているが，一部の生徒によっては，その環境の変化があるからこそ，学校への適応が促進されると考えられる。

　中学校生活における問題行動と向学校的行動から，中学生の問題行動を抑制し，向学校的行動を促進する生徒指導を検討した。その結果，これまでの研究で問題行動の要因とされてきた攻撃性，低セルフコントロール，規範意識に対して，能動的関わりの影響が見られた。また，能動的関わりは向学校的行動を促進することも明らかとなった。さらに，能動的関わりにより中学2年次の向学校的行動が促進されると，中学3年次の問題行動が減少する向学校的行動を介した間接的問題行動抑制モデルを実証的に示すことができた。中学2年次における教師の関わり方が重要であることと，中学2年次の向学校的行動を促進する視点を教師が持つことが重要であると言える。第二次反抗期を迎える中学生の問題行動を完全に抑制することは難しい。能動的関わりから向学校的行動への関連が見られたことにより，能動的関わりによって生徒のプラスの部分（向学校的行動）を促進するアプローチの有効性を実証的に示すことができた。従来の問題行動や非行分野においては，問題焦点型の単一の視点にもとづく研究が多かった。本研究では，問題焦点型と非問題場面焦点型の両方を使い分ける視点へと切り替え，学校内で教師が生徒に関わることができる対処法の幅を広げることが可能となる。これらの知見の新しさは，思春期の問題行動の見方として，生徒のプラスの面を伸ばしていくことにより，相対的に生徒のマイナス面を減少させていくことができる可能性があるという点である。中学生は第二次反抗期に入るため，発達的に教師や保護者といった大人への反抗や，大人が持つ枠から逸脱しやすい時期である。発達的に問題行動が生じやすい時期に，生徒のマイナスの面に注目し，それを減らそうと教師が関わるだけでは限界がある。むしろ，ますます問題がひどくなるケースもあるかもしれない。その場合には，生徒のプラスの面に注目し，それを伸ばしていく。プラスの面が伸びてくるうちに，相対的に生徒のマイナスの面が減ってくるアプローチの有効性が実証的に明らかにされた。

　3年間の学校生活における生徒の学校適応を促す生徒指導を検討した。その

結果，中学1年次から中学2年次にかけて生徒指導が高まると，生徒の学校適応は促進されることが明らかとなった。中学3年間の学校生活全体で，生徒の学校適応を促進するよう生徒指導を行う際には，中学2年次が重要な時期になることが示された。これは教育現場で中2は中だるみの時期と指摘されることとは異なる。中学2年次に生徒指導が高まることで学校適応が促進されていた生徒は，中学1年次ですでに，不適応傾向を示していたからである。つまり，中だるみではなく，入学当初から学校に適応できていなかった生徒と言える。しかし，中学2年次に教師からの生徒指導が高まると，中学2年次から中学3年次にかけて学校適応が促進されていくのである。中学3年間の縦断調査から，中学2年次に行われる生徒指導が，中学生の学校適応を規定する重要な変数になることが明らかにされた。

4．本研究から明らかにされた生徒指導の考え方

従来の生徒指導研究が主に焦点を当ててきた対処療法的で事後的な生徒指導（山本，2007）や，問題が起きる前に未然に防ぐといった予防的な観点に立つ生徒指導（石隈，1999）には限界があると言える。

事後的な指導にしても問題の予防の観点に立つ指導にしても，学校不適応という生徒のマイナスの状態に焦点化した問題場面焦点型の指導という点で共通する。〈学校不適応（マイナス）→事後的な指導〉と〈予防的な指導→学校不適応（マイナス）〉であり，これは，教師から見て学校不適応というマイナスの状態にある生徒という一側面にしか注目できていない対応である。つまり，学校内の問題行動のような生徒の不適応状態という一つの軸に焦点化した生徒指導と言える。

次に，本研究で明らかになった結果からみえてくる生徒指導を述べる。生徒指導を行う教師が捉えなければならないのは，生徒には学校不適応状態と学校適応状態という，マイナスの状態とプラスの状態が共存していることである。そして，マイナスの状態とプラスの状態を行き来しながら，学校生活を過ごす存在として，教師が生徒を理解することが，生徒指導を行う上で必要である。

生徒のマイナスの状態には事後的指導を対応させ，生徒のプラスの状態には能動的指導を対応させる。そして，能動的指導により生徒のプラスの状態をど

れだけ拡大させることができるのかが生徒の学校適応に対して教師が生徒指導を行う上で重要である。

つまり，〈学校不適応→事後的な指導〉と〈能動的な指導→学校適応〉という両輪で生徒指導を捉え，生徒の不適応後に事後的な指導を行いながらも，学校不適応生徒のプラスの面をいかに拡大させていくことができるかが，生徒の学校適応には重要である。学校不適応と学校適応という2つの軸から生徒を捉える生徒指導である。

生徒を学校不適応と学校適応の2つが共存するものとして捉え，事後的な指導と能動的な指導の併用によって生徒指導を行うことは，以下のような意義がある。それは，生育歴や家庭の経済状況といった学校現場からの介入が難しい要因によって生徒の学校不適応が起きていたとしても，学校適応を促進すること，つまり生徒のプラスの面を伸ばすことによるアプローチで，教師は生徒に対応することができるからである。

生徒指導を通して生徒とうまく関係を作ることができる教師とは，生徒を「問題を引き起こすか，引き起こさないか」といった1つの軸から捉える教師ではなく，学校や教師の枠から逸脱しつつも，学校に適応していく存在として中学生を捉えている教師と推測される。そして，教師自身も生徒の様子に合わせて生徒指導を使い分けられる必要がある。

生徒が問題を引き起こしたり，助言を求めてきたりしたときには生徒に対応する。それだけでなく，毎日学校に登校し，授業を受け，友人や教師と関係を作りながら，日々の学校生活を送る生徒にこそ注意を向け，意識的に関わることができる生徒指導が，生徒の学校適応を促進するためには必要であろう。

5．学校生活において隙間時間や隙間場面を意識した教師の関わりの重要性

本研究では，〈学校不適応→事後的な指導〉と〈能動的な指導→学校適応〉の両輪で生徒指導を考える必要性を先に述べた。〈能動的な指導→学校適応〉という軸は，学校生活に意欲的に取り組んだり，学校生活を頑張っていたりする生徒に対する教師の関わり方である。したがって，能動的な指導の解釈として，頑張っている生徒をほめることが重要なのだと捉えられてしまうこともあるかもしれない。

しかし本研究では，ほめることが重要なのだと述べているのではない。能動的な関わりを行う場面としては，登下校の時間，授業と授業の合間の休み時間，給食の時間，廊下で教師と生徒がすれ違う時，授業が終わり部活開始までのちょっとした空き時間など，学校生活の中での隙間のような時間の重要性を本研究では述べている。その学校生活における隙間時間において，教師が生徒と雑談をしたり，挨拶をしたり，ちょっとした声をかけることが能動的な指導であり，そういった教師の関わりが生徒の学校適応を促進することを様々な調査結果から述べてきた。

　学校においては，授業，行事，委員会活動や部活などが主となる場面であり，そういった主となる時間の重要性は誰も疑わないだろう。本研究では，学校内の場面や時間の中で，授業，行事，委員会活動，部活といった主となる活動ではなく，主となる活動と活動の間に存在する隙間時間や隙間場面の重要性を指摘している。

　慌ただしい学校生活においては，主となる活動に比べ，隙間場面や隙間時間を教師は意識しにくく，その重要性は見過ごされがちである。本研究で行った調査から明らかにされたことは，学校内で教師が意識しにくい何気無い隙間時間や隙間場面の重要性と，そこで生徒に対して教師がちょっとした声かけをすることが，生徒の学校適応を促進する効果である。

　教師が働く環境において，その負担の大きさが指摘されている（内田，2015）。忙しく，仕事量が多い教員の場合，子どもたちが下校するまで休憩をとることも難しいかもしれない。そのような状況の中で，本研究が隙間時間の重要性を提言しても，現実的には難しいといった批判もあるかもしれない。

　しかし，例えば，学校内でソーシャルスキルトレーニングや予防プログラムを導入するコストと比べれば，取り組みやすいことである。学校生活における隙間場面や隙間時間の重要性と，そこで教師が生徒にちょっとした一声をかけることを意識すれば，誰でも明日から実践できることである。こういった取り組みを中学校3年間で積み重ねていくことで学校が持つ雰囲気は変わり，学校環境が変われば生徒の学校における過ごし方も変わってくるというのが本研究の生徒指導への提言である。

第3節 本研究の課題と今後の研究に向けて

1．本研究の課題

　本研究の課題を挙げる。
　第1に，教師の生徒指導と生徒の学校適応の問題を検討してきたが，本研究で明らかにした生徒指導は，生徒側から見えている生徒指導である。主に，生徒側に焦点を当てて研究が行われた点に課題が残される。
　本研究の生徒指導は，生徒の側だけでなく，教師の側にも注目することで生徒指導の枠組みを提示している。得られた生徒指導の枠組みを，生徒を対象とした調査をもとに実証的に明らかにしている。生徒指導の枠組みについては教師を対象とした調査から抽出していること，生徒指導を双方向的なものとして捉えると生徒が生徒指導をどう評価するかも重要であること，以上2つの理由から，生徒を主な対象とした調査から生徒指導を明らかにした知見にも意義があると思われる。しかし，教師が意図した生徒指導と，生徒側が評価する生徒指導の両者が一致しているとは限らない。教師側を対象とした調査から，生徒指導を双方向なものとしての生徒指導を明らかにできなかった点に，本研究の限界がある。
　第2に，本研究では中学校の実態を様々な場面から捉えることを1つの目的に掲げていた。生徒の問題行動，中学3年間から捉える生徒の学校適応，学校統廃合にともなう学校集団の再編成と生徒の学校適応，以上3つを対象に調査を行った。これまでの研究において，1）非行と比べると学校内の問題行動研究が十分に蓄積されていないこと，2）生徒の学校適応をある一時点から部分的にしか捉えていなかったこと，3）少子化における学校の実態が十分に捉えられていないこと，以上3つの理由から，本研究によって今現在の中学校の実態を明らかにできた点もあると思われる。
　しかし，学校内に限定し，生徒の学校適応を対象としているため，不登校のように学校に来ることのできない生徒の実態は捉えきれていない。少なくとも学校には登校できている生徒から得られた知見である点に，本研究の限界がある。

第3に，サンプリングの課題が挙げられる。厳密なサンプリングにもとづいて対象者を選定しているとは言えない。特定の地域に偏ったデータから明らかにされた知見である。特に，学校集団の再編成過程や中学3年間の環境移行についての研究は，調査を実施した学校数は少ない。したがって，ある学校の一事例であり，それをどこまで一般化できるのかについては課題が残される。本研究で明らかにされた知見をもとに調査を積み重ね，本研究で明らかになった知見の妥当性を検討していくことが今後の課題と言える。

2．今後の研究に向けて

本研究を発展させていく点について述べる。

第1に，学校内に限定し，教師の生徒指導と問題行動や学校適応を検討することには，限界もある。本研究が，学校内に限定した積極的な理由もある。学校は万能ではなく，できることは限られている。また，学校集団という状況で起きている問題行動を扱うにあたっては，その解決方法も学校の中に存在していると考えられるからである。しかし，生徒の問題行動の要因は，ある特定の変数や状況から説明できるものではなく，様々な変数の組み合わせで生じている。思春期の中学生の問題行動を扱う機関は，警察，少年鑑別所や少年院といった司法領域，児童相談所，児童養護施設や児童自立支援施設といった福祉領域など，教育領域以外にも様々な機関がある。それぞれの領域で課題となっているテーマが扱われ，研究が行われている。例えば，司法領域においては，学校内問題行動よりも逸脱性の高い非行が扱われている。福祉領域では，家庭内や施設内における虐待が扱われている。子どもたちは，少なくとも義務教育までは学校に通っている。教育以外の領域で問題視されているテーマは，学校現場とも関連するものである。今後は，教育と福祉からの中学生の学校適応，教育と司法からの中学生の学校適応といったように，他領域とのつながりを意識した研究が求められる。

第2に，中学3年間の経験が，個人の発達の中でどのように位置づくのかを見ていくことである。少子化により，その多くが高校進学した後，専門学校，短大，大学など高等教育までの進学を希望するようになっている。すべての教育段階を終えたときに，個人にとって中学校生活はどのような発達的な意味を

持ってくるのだろうか。教師に注意されるリスクを犯してまで，学校内で問題行動を引き起こしたり，中学校生活で不適応な状態を経験したりすることが，その個人の発達にどのような影響を与えるのかを，長期的な研究から見ていくことも今後の課題であろう。

あとがき

　修士課程の授業で中学校に出入りするようになり，中学校の先生と話したエピソードの中で，記憶に残っている言葉が2つある。

　1つ目は，「制服を着て学校に来るのが当たり前，授業に出るのが当たり前，時間や提出物の期日を守って当たり前」。中学生の学校適応に関する研究では，非行や問題行動といった逸脱的な側面に焦点が当てられがちである。しかし，「当たり前」という言葉で片付けられる中学生の学校生活の日常についても研究対象とするべきではないかと気づかせてくれたのは，実習中に出会った生徒であった。学校内ではトラブルを起こし教師とぶつかってはいるものの，その生徒なりに頑張ろうとしている場面が少なからずあった。その場面を見逃さずに捉えることが大事ではないかという思いがあった。

　もう1つは，「中2は中だるみの時期だからね」という諦めが入り混じったような言葉である。中1は入学して間もない時期で緊張しているため，それほど大きなトラブルは起きない。中3になると大部分の生徒は受験を目前に控え，落ち着く。その間の中2は慣れもあって学校内でいろいろなトラブルが増えるというものである。嵐が過ぎ去るのを待つように，今はその時を待つしかないと受け取れる言葉であった。中2を受け持つ教師は，本当は生徒に対して受け身の姿勢で我慢するしかない時期なのか，教師と生徒が関係を築く具体的な方法があるのではないかという思いがあった。今振り返れば，大学院の実習を通して抱いていた問題関心に対して，本書を通して自分なりに答えを導き出そうとしてきたのだと思う。

　本書は，2012年3月に中央大学大学院文学研究科から博士（心理学）を授与された博士論文（文博甲第77号）を一部加筆修正したものである。博士論文を提出したのは，忘れもしない2011年12月1日。その時から6年が経過したことになる。読み返せば不十分な箇所や未熟な部分もあるが，大きく手を加え

ない形で出版することにした。

　学校を対象にしながら調査を積み上げたものを土台とし，本書の出版に至っているが，ひとえに多くの人から支えと助けのおかげである。
　大学院の授業の一環での実習や仕事を通して，大学外に出ていく機会が多かったが，その中で自分の研究や調査を支えてくれる人に恵まれた。出会いに恵まれなければ，ここまで研究を積み重ねることはできなかった。今まで自分を支え，指導してくださった方々に感謝したい。

　小，中学校で出会った先生には，学校現場における問題関心を伺うことができた。特に，賀川秀人先生と加藤隆太郎先生。この２人の先生には，自分の研究を励ましてもらいながら，中学校での調査実現に向けて協力していただいた。お忙しい中，調査に回答してくださった生徒さんと先生にも感謝したい。
　越谷児童相談所では，非行や虐待といった子どもの実態を知ることができたと同時に，心理面接や心理検査といった臨床心理学的な実践に関して，丁寧に指導していただいた。半年間という短い期間ではあったが，貴重な経験を積むことができた。児童相談所を通して児童自立支援施設を紹介していただき，非行臨床を垣間見ることもできた。
　日野市と八王子市の保健センターでは，子どもの発達の奥深さを，実践を通して知ることができた。これは，論文や文献を読んでいるだけでは感じ取れなかったことである。さらに，思春期の問題行動は，思春期だけに焦点を当てるだけでなく，幼児期から青年期までの発達過程の中で捉える重要性も実感した。発達の観点は今後の研究に活かし，幼児期，児童期，青年期と幅広い年齢層を対象とした研究を行っていきたい。八王子市の南大沢保健福祉センターでは，仕事をしながら博士論文を書くにあたり，勤務時間の調整等で配慮していただいたことも有難かった。仕事と博士論文の執筆を両立するのはなかなか大変であったが，職場環境に恵まれ，心の底から仕事を楽しみながら充実した日々を過ごすことができたことにも感謝したい。

　大学院では，４名の先生に指導していただき，お世話になった。

都筑学先生には，調査研究の実施について，調査実施の手順から，研究に対する姿勢や取り組み方まで教えていただいた。特に，大学院入学後から都筑先生のお手伝いをする中で，調査研究に関する多くのことを学ぶことができた。この経験がなければ，4,700名におよぶ中学生を対象とした調査を実施し，研究としてまとめることはできなかった。マイペースな性格のため，なかなか筆が進まなかったが，辛抱強く指導していただいた。都筑先生とのやり取りの中で，自分では気づくことのできなかったアイディアを得ることができた。博士論文を書き上げることができたのは，都筑先生の後押しがあったからである。

本研究の問題関心のきっかけは，横湯園子先生の授業の中で行った中学校での実習であった。個性の強い中学生と，タイプの違う先生がおり，そこでのやりとりを見て感じた疑問や違和感を先行研究と結びつけながら，自分自身の研究の問題関心を深めることができた。大学院を修了してからも，定期的に開催されている勉強会に参加させていただいており，そこで学んだことは研究だけでなく，学生に教える時にも活かされている。大学院を修了し，仕事をするようになっても，勉強会という貴重な機会を得られているのは本当に恵まれていると感じる。中央大学を退職後も，精力的に活躍されている横湯先生の姿には圧倒されるばかりであるが，少しでもその姿勢に近づけるよう努力したい。

天野清先生には，都筑先生がサバティカル中だった修士2年のときに，修士論文を指導していただいた。実験系から臨床系まで入り混じるユニークなゼミで指導していただいた。理論と実践の両方の視点を持つことの重要性を教えていただいた。大学進学時，最終的にどの大学に進学するか迷った際，「天野先生は心理学界では有名な先生だよ」という予備校の恩師からの助言が中央大学への入学を決めた理由でもある。おかげで学部生から院生までの12年間を中央大学で学び，様々な刺激を受けることができた。

矢島正見先生には，修士から仕事で忙しくなるまでの数年間，研究室に出入りさせていただき，お世話になった。心理学のゼミでは目にすることのない社会学らしい研究テーマに刺激を受け，研究のおもしろさを改めて実感することができた。矢島先生をはじめ，矢島ゼミの院生による社会学の立場からのコメントは，自分にとっては斬新で，興味深いものであった。ゼミが終わった後，腹をかかえながら酒を飲みつつ，研究の話ができたのも貴重な体験であった。

ご多忙にもかかわらず，副査を引き受けていただいた坂西友秀先生（埼玉大学）と下田僚先生（中央大学）にも感謝を述べたい。

　心理学専攻の先輩には研究室を問わず，先を行くその背中から様々なことを学ぶことができた。先輩との議論を通じて得られたアドバイスにより，構想レベルであった研究が具体的な形となった。就職や博士号取得にともなって，先輩が少しずつ大学からいなくなるのはさみしかったが，後ろを追って地道に続けていけば，自分もいつか結果を出せるかもしれないという励みになった。そして，多種多様なテーマを研究している都筑ゼミ生との議論を通して得られたアイディアとアドバイスは，研究の随所に盛り込まれている。先輩と後輩に恵まれ，学部の3年から10年間，都筑ゼミで充実した大学院生活を過ごすことができた。

　最後に，見守り続けてくれた家族に感謝したい。ここまで好き勝手にやってこられたのは，家族の理解と協力があったからである。
　博士課程進学を決めたときに，「博士課程に進学したのに博士号をとれないのを"バカセ"と言うんだ」と，祖父らしい言葉で激励してくれた今は亡き祖父宙治にも感謝したい。戦争中，日立の工場でポンプを設計する仕事をしながら，理系の環境に身を置いていた祖父だからこそ，このユーモアに富む言葉をかけてくれたのだと思う。
　本書は，2017年度科学研究費補助金（研究成果公開促進費）の交付を受けて刊行されるものである。本書の刊行にあたり，ナカニシヤ出版の山本あかねさんには大変ご迷惑をおかけした。本書の出版に向けて支えてくださった山本さんに感謝の意を表したい。

2017年12月　常葉大学短期大学部研究室にて

引用文献

安香　宏・麦島文夫（編）　1980　犯罪心理学　有斐閣大学双書
安藤明人・曽我祥子・山崎勝之・島井哲志・嶋田洋徳・宇津木成介・大芦治・坂井明子　1999　日本版 Buss-Perry 攻撃性質問紙（BAQ）の作成と妥当性，信頼性の検討　心理学研究, *70*, 384-392.
Carroll, A., Hemingway, F., Bower, J., Ashman, A., Houghton, S., & Durkin, K. 2006 Impulsivity in juvenile delinquency: Differences among early-onset, late-onset, and non-offenders. *Journal of Youth and Adolescence, 35*, 519-529.
de Shazer, S. 1985 *Keys to solution in brief therapy.* W. W. Norton（小野直広（訳）　1994　短期療法解決の鍵　誠信書房）
土井隆義　2003　〈非行少年〉の消滅―個性神話と少年犯罪―　信山社
Eccles, J., Midgley, C., Wigfield, A., Buchanan, C., Reuman, D., Flanagan, C., & Iver, D. 1993 The impact of stage-environment fit on young adolescents' experiences in schools and in familes. *American Psychologist, 48*, 90-101.
Felson, R. B., Liska, A. E., South, S. J. & Mcnulty, T. L. 1994 The subculture of violence and delinquency: Individual vs. school context effect. *Social Forces, 73*, 155-173.
藤野京子　1996　非行少年のストレスについて　教育心理学研究, *44*, 278-286.
古市裕一・玉木弘之　1994　学校生活の楽しさとその規定要因　岡山大学教育学部研究集録, *96*, 105-113.
Gottfredson, D. C., & Gottfredson, G. D. 2002 Quality of school-based prevention programs: Results from a national survey. *Journal of Research in Crime and Delinquency, 39*, 3-35.
Gottfredson, G. D., & Gottfredson, D. C. 2001 What schools do to prevent problem behavior and promote safe environments. *Journal of Educational and Psychological Consultation, 12*, 313-344.
Gottfredson, M. R. & Hirschi, T. 1990 *A general theory of crime.* Stanford University Press.（松本忠久（訳）　1996　犯罪の基礎理論　文憲堂）
原田　豊　1984　中学生による暴力的非行の研究2　パターン分類による特徴の検討　科学警察研究所報告防犯少年編, *25*, 172-182.
原田　豊　2001　少年非行と大人の犯罪　矢島正見（編）　生活問題の社会学　学文社　pp. 14-32.
原田　豊・米里誠司　1997　非行の縦断的パターンの安定性と変動：2つのコーホートの比較科学警察研究所報告防犯少年編, *38*, 83-94.
長谷川啓三　1987　家族内パラドックス　彩古書房
長谷川啓三　2005　ソリューションバンク　金子書房
長谷正人　1991　悪循環の現象学―「行為の意図せざる結果をめぐって」―　ハーベスト社

秦　政春　1984　現代の非行・問題行動と学校教育病理　教育社会学研究, 39, 59-76.
秦　政春　1993　学校における病理現象　犯罪社会学研究, 18, 161-169.
秦　政春　1994　現代の教育状況と子ども―とくに教師のストレスによる影響を中心として―　被害者学研究, 3, 57-76.
秦　政春・片山悠樹・西田亜希子　2004　現代高校生にとっての「高校」　大阪大学大学院人間科学研究紀要, 30, 113-142.
広沢真紀　2004　変貌する教育現場と教員のメンタルヘルス　労働の科学, 59, 467-471.
広田照幸　2001　教育言説の歴史社会学　名古屋大学出版会
広田照幸　2003　教育には何ができないか―教育神話の解体と再生の試み　春秋社
広田照幸　2005a　教育不信と教育依存の時代　紀伊國屋書店
広田照幸　2005b　《愛国心》のゆくえ　世織書房　pp.109-121
広田照幸　2009　教育学　岩波書店
広田照幸・平井秀幸　2007　少年院処遇に期待するもの―教育学の立場から　犯罪と非行, 8, 6-23.
井上　実・矢島正見（編）　1995　生活問題の社会学　学文社
石毛　博　1994　非行動機の理解について　刑政, 105, 28-38.
石毛　博・糟谷光昭　1987　Sensation seekingと非行　犯罪心理学研究, 25, 1-18.
石隈利紀　1999　学校心理学―教師・スクールカウンセラー・保護者チームによる心理教育的援助サービス―　誠信書房
石本雄真　2010　青年期の居場所が心理的適応，学校適応に与える影響　発達心理学研究, 21, 278-286.
神保哲生・宮台真司・藤原和博・藤田英典・寺脇研・内藤朝雄・浪本勝年・鈴木寛　2008　教育をめぐる虚構と真実　春秋社
柿木良太　1992　シンナー乱用の動機と性格特性　犯罪心理学研究, 30, 51-60.
上長　然　2007　思春期の身体発育と抑うつ傾向との関連　教育心理学研究, 55, 21-33.
金子泰之　2006　中学生の問題行動の生起に及ぼす動機の影響　犯罪心理学研究, 44 特別号, 126-127.
金子泰之　2007　逸脱者に対する攻撃的反応を生起させる規範意識の影響　犯罪心理学研究, 45, 25-34.
管賀江留郎　2007　戦前の少年犯罪　築地書館
神村栄一・上野昌弘　2015　中1ギャップ―新潟から広まった教育の実践―　新潟日報事業社
加藤弘通　2001　問題行動の継続過程の分析：問題行動を巡る生徒関係のあり方から　発達心理学研究, 12, 135-147.
加藤弘通　2003　問題行動と生徒文化の関係についての研究―不良生徒及びまじめな生徒に対する生徒集団の評価が問題行動の発生に及ぼす影響について―　犯罪心理学研究, 41, 17-26.
加藤弘通・大久保智生　2004　反学校的な生徒文化の形成に及ぼす教師の影響―学校の荒れと生徒指導の関係についての実証研究―季刊社会安全, 52, 44-57.
加藤弘通・大久保智生　2005a　学校の荒れと生徒文化の関係についての研究―〈落ち着いている学校〉と〈荒れている学校〉では生徒文化にどのような違いがあるのか―　犯罪心理学研究, 43, 1-16.

加藤弘通・大久保智生　2005b　反学校的な生徒文化の形成モデル―教師―生徒関係の在り方からの分析―　常葉学園短期大学紀要, 36, 133-140.
加藤弘通・大久保智生　2006a　学級崩壊と生徒指導の関係―まじめな生徒，問題生徒，中間生徒，問題はどこにあるのか？―　常葉学園短期大学紀, 37, 95-105.
加藤弘通・大久保智生　2006b　問題行動をする生徒および学校生活に対する生徒の評価と学級の荒れとの関係　教育心理学研究, 54, 34-44.
河合幹雄　2004　安全神話崩壊のパラドクス　岩波書店
菊池章夫　1984　向社会的行動の発達　教育心理学年報, 23, 118-127
清永賢二・榎本和佳・飛世聡子　2004　社会規範に対する少年の態度と意識に関する研究―1987年調査と2001年調査の比較分析―　人間研究, 40, 23-36.
小林正幸・仲田洋子　1997　学校享受感に及ぼす教師の指導の影響力に関する研究―学級の雰囲気に応じて教師はどうすればいいのか―　カウンセリング研究, 30, 207-215.
小島佳子・松田文子　1999　中学生の暴力に対する欲求・規範意識・加害・被害経験および学校適応感　広島大学教育学部紀要　第1部（心理学）, 48, 131-139.
小泉令三　1992　中学校進学時における生徒の適応過程　教育心理学研究, 40, 348-358.
小泉令三　1995　中学入学時の子供の期待・不安と適応　教育心理学研究, 43, 58-67.
小泉令三　1997　小・中学校での環境移行事態における児童・生徒の適応過程―中学校入学・転校を中心として　風間書房
近藤邦夫　1994　教師と子どもの関係づくり　東京大学出版会
小坂浩嗣・佐藤　亨　2004　非行少年の理解と援助に関する一考察―少年鑑別所の臨床から―　鳴門教育大学研究紀要（教育科学編）, 19, 183-191.
越　良子　2007　中学生の所属集団に基づくアイデンティティに及ぼす集団内評価の影響　上越教育大学研究紀要, 26, 357-365.
久保　大　2006　治安はほんとうに悪化しているのか　公人社
國吉真弥　1997　自己呈示としての非行（1）　犯罪心理学研究, 35, 1-13.
鈎　治雄　1997　教育環境としての教師　北大路書房　pp.78-105.
間庭充幸　2001　少年犯罪の質的変化―動機の深層とその背景―　更生保護, 52, 6-11.
松本良夫　1995　教育学の意味　星野周弘・荒木伸治・西村春夫・米川茂信・沢登俊雄（編）　犯罪・非行事典　大成出版社　pp.20-23.
Matza, D. 1964 *Delinquency and drift.* John Wiley, & Sons.（非行理論研究会（訳）1986　漂流する非行少年：現代の少年非行理論　成文堂）
耳塚寛明　1980　生徒文化の分化に関する研究　教育社会学研究, 35, 111-122.
三浦正江・坂野雄二　1996　中学生における心理的ストレスの継時的変化　教育心理学研究, 44, 368-378.
宮下一博　2005　生徒指導とは　宮下一博・河野荘子（編著）　生きる力を育む生徒指導　北樹出版　p.13.
Moffitt, T. E. 1993 Adolescence-limited and life-course-persistent antisocial behavior: A developmental taxonomy. *Psychological Review, 100,* 674-701.
文部科学省　2010b　生徒指導提要　教育図書
文部科学省　2015　平成27年度「公立学校教職職員の人事行政状況調査」について　精神疾患による病気休職者の推移　http://www.mext.go.jp/a_menu/shotou/jinji/1380718.htm
文部科学省　2017b　平成27年度「児童生徒の問題行動等生徒指導上の諸問題に関する調

査」の確定値の公表について　http://www.mext.go.jp/b_menu/houdou/29/02/1382696.htm
文部科学省　2017a　学校基本調査　http://www.e-stat.go.jp/SG1/estat/NewList.do?tid=000001011528
森下　剛　2004　中学生の非行行動に関連する要因についての探索的検討　カウンセリング研究, *37*, 135-145.
森田洋司・清永賢二　1986　いじめ―教室の病　金子書房
村田昌弥・中村　攻・木下　勇　1993　都市部での小学校統廃合による児童の屋外行動への影響に関する研究　造園雑誌, *56*, 271-276.
仲　律子　2000　小学校の統廃合とクラスサイズについて　学校カウンセリング研究, *3*, 1-8.
中塚善次郎・小川　敦　2004　現代日本における規範意識の喪失―自己・他己双対理論による検討―　鳴門教育大学研究紀要, *19*, 9-24.
中山勘次郎・三鍋由貴恵　2007　教師の「注意言葉」に対する中学生の受けとめ方　上越教育大学研究紀要, *26*, 367-379.
西口利文　2004　問題場面に対処する教師の言葉かけに関する類似性に基づく整理　人文学部研究論集, *12*, 19-48.
西口利文　2005　小学校の問題場面に対処する教師行動：各場面での特徴　人文学部研究論集, *14*, 151-169.
西村春夫　1991　能動的非行少年のイメージ―非行理論における「ダメな少年」イメージの転換―　比較法制研究, *14*, 81-125.
小保方晶子・無藤　隆　2005　親子関係・友人関係・セルフコントロールから検討した中学生の非行傾向行為の規定要因および抑止要因　発達心理学研究, *16*, 286-299.
小保方晶子・無藤　隆　2006　中学生の非行傾向行為の先行要因―1学期と2学期の縦断調査から―　心理学研究, *77*, 424-432.
落合正行　1991　発達の段階　矢野喜夫・落合正行（共著）　発達心理学への招待：人間発達の全体像をさぐる　サイエンス社　pp.49-75.
落合良行・佐藤有耕　1996　青年期における友達とのつきあい方の発達的変化　教育心理学研究, *44*, 55-65.
尾木直樹　2008　「モンスターペアレント」の実相　法政大学キャリアデザイン学部紀陽, *5*, 99-113.
岡邊　健　2007　非行発生の縦断的パターン―2つの出生コホートの比較―　犯罪社会学研究, *32*, 45-58.
岡田有司　2006　中学1年生における学校適応過程についての縦断的研究　心理科学, *26*, 67-78.
岡本卓也　2007　集団間交渉時の認知的バイアス―他集団の参入が既存集団の影響力の知覚に及ぼす効果―　実験社会心理学研究, *46*, 26-36.
岡安孝弘・嶋田洋徳・丹羽洋子・森　俊夫・矢冨直美　1992　中学生の学校ストレッサーの評価とストレス反応との関係　教育心理学研究, *63*, 310-318.
岡安孝弘・嶋田洋徳・坂野雄二　1993　中学生におけるソーシャル・サポートの学校ストレス軽減効果　教育心理学研究, *41*, 302-312.
大久保智生　2005　青年の学校への適応感とその規定要因―青年用適応感尺度の作成と学校

別の検討― 教育心理学研究, 53, 307-319.
奥田道大 1993 都市と地域の文脈を求めて―21世紀システムとしての都市社会学― 有信堂
大西彩子・黒川雅幸・吉田俊和 2009 児童・生徒の教師認知がいじめ加害傾向に及ぼす影響―学級の集団規範およびいじめに対する罪悪感に注目して― 教育心理学研究, 57, 324-335.
斉藤知範 2002 非行的な仲間との接触，社会的ボンドと非行行動―分化的強化仮説と社会的コントロール理論の検証― 教育社会学研究, 71, 131-150.
坂井明子・山崎勝之 2004 小学生用P-R攻撃性質問紙の作成と信頼性，妥当性の検討 心理学研究, 75, 254-261.
佐々木正宏 1994 思春期・青年期の心理的問題 伊藤隆二ほか（編） 思春期・青年期の臨床心理学 駿河台出版
佐藤実芳 2007 過疎地における中学校の統廃合に関する考察―旧但東町の中学校の統廃合― 愛知淑徳大学論集文化創造学部, 7, 17-32.
笹竹英穂 2000 Solution Focused Approachを用いた非行少年の保護者への働きかけ 犯罪心理学研究, 38, 11-20.
嶋田洋徳・岡安孝弘・坂野雄二 1993 小学生用ソーシャルサポート尺度短縮版作成の試み ストレス科学研究, 8, 1-12.
嶋崎政男 2007 生徒指導の新しい視座 ぎょうせい
白井利明・岡本英生・栃尾順子・河野荘子・近藤淳也・福田研次・柏尾眞津子・小玉彰二 2005 非行からの少年の立ち直りに関する生涯発達の研究（ｖ）―非行から立ち直った人への面接調査から― 大阪教育大学紀要, 54, 111-129.
総務庁青少年対策本部 1993 青少年の規範意識形成要因に関する研究調査
住田正樹・渡辺安男 1984 生徒の非行行動に対する教師集団の指導性とその効果―Ｆ県の事例調査から― 犯罪社会学研究, 9, 98-118.
鈴木真悟・井口由美子・高桑和美・小林寿一・桶田清順・高橋良彰 1994 少年の共犯形態による非行に関する研究―２．非行タイプおよび集団サイズによる犯行過程の特徴― 科学警察研究所報告防犯少年編, 35, 13-28.
鈴木 護・鈴木真悟・原田 豊・井口由美子 1996 自己申告法における中学・高校生の逸脱の広がりとその背景要因に関する研究 ２．経験された逸脱行為のレベルと社会・心理的要因との関連 科学警察研究所報告防犯社会編, 37, 96-107.
鈴木みゆき 1997 『学校統廃合』体験児童の心理 共栄学園短期大学紀要, 13, 195-201.
諏訪哲二 2007 なぜ勉強させるのか？―教育再生を根本から考える 光文社
Sykes, G. M., & Matza, D. 1957 Techniques of neutralization: A theory of delinquency. *American Sociological Review*, 22, 664-670.
竹田明典 2005 スクールカウンセラーによる中学非行生徒への包括的支援―相談室の枠組みを越えて― カウンセリング研究, 38, 385-392.
瀧川由紀子 2007 少年の内省の支援を考える―認知行動療法的アプローチからの試み― 家裁調査官研究紀要, 5, 90-100.
徳田治子 2004 ナラティブから捉える子育て期女性の意味づけ：生涯発達の視点から 発達心理学研究, 15, 13-26
坪田眞明 2006 児童生徒の問題行動等の現状と対策について（下） 警察学論集, 59,

170-195.
津富　宏　2009　犯罪者処遇のパラダイムシフト―長所基盤モデルに向けて―　犯罪社会学研究, 34, 47-58.
都筑　学　2001　小学校から中学校への進学にともなう子どもの意識変化に関する短期縦断的研究　心理科学, 22, 41-54.
都筑　学　2008　小学校から中学校への学校移行と時間的展望　ナカニシヤ出版
都筑　学　2009　中学校から高校への学校移行と時間的展望　ナカニシヤ出版
内田　良　2015　教育という病―子どもと先生を苦しめる「教育リスク」―　光文社
内山絢子　2003　非行少年の規範意識の変化　児童心理2月号臨時増刊, 139-143.
梅澤秀監　2002　生徒の問題行動に対する教育現場からの報告　現代の社会病理, 17, 41-48.
卜部敬康・佐々木薫　1999　授業中の私語に関する集団規範の調査研究―リターン・ポテンシャル・モデルの適応―　教育心理学研究, 47, 283-292.
和田憲明　1999　中学校での事例　吉川　悟（編）システム論からみた学校臨床　金剛出版　pp.138-151.
若林敬子　2008　学校統廃合と人口問題　教育社会学研究, 82, 27-42.
矢島正見　1996　少年非行文化論　学文社
山本淳子・仲田洋子・小林正幸　2000　子どもの友人関係認知および教師関係認知とストレス反応との関連―学校不適応予防の視点から―　カウンセリング研究, 33, 235-248.
山本修司（編）　2007　実践に基づく毅然とした指導　教育開発研究所
山本多喜司・S．ワップナー（編）　1991　人生移行の発達心理学　北大路書房
山下晃一　2007　市町村教育委員会における学校再編計画立案に関する予備的考察―X市の学校統廃合案を素材として―　和歌山大学教育学部紀要, 57, 1-8.
安田隆子　2009　学校統廃合―公立小中学校に係わる諸問題―　調査と情報, 640, 1-10.
八並光俊　2008　生徒指導のねらい「個別の発達援助」　八並光俊・國分康孝（編）新生徒指導ガイド―開発・予防・解決的な教育モデルによる発達援助―　図書文化　pp.16-17.
米川茂信　1996　学歴アノミーと中・高生非行　犯罪社会学研究, 21, 118-143.
吉川　悟　1999　システムズ・コンサルテーションの学校臨床での利用　吉川　悟（編）システム論からみた学校臨床　金剛出版　pp.217-234.

付録

■問題行動経験尺度（研究1）

「ここ1年間に，学校内で以下のことをしたことがありますか？」と教示し，まったくない（0），1回ある（1），数回ある（2），何度もある（3）の4件法で回答を求めた。

- C1. 積極的に授業や部活動に取り組む
- C2. 部活・委員会・当番などをさぼる
- C3. 授業中，授業の内容とは関係のないおしゃべりをする
- C4. 学校でアメやガムなどのおかしを食べる
- C5. 先生から注意されたことに反抗する
- C6. 授業中に手紙を回す
- C7. 学校で他の生徒を仲間はずれにする
- C8. 授業中，授業と関係ない作業をする
- C9. 学校で禁止されている持ち物を持ってくる
- C10. 学校で他の生徒の欠点や弱点をしつこくからかう
- C11. 授業中，先生の話を聞かない
- C12. 全校集会で先生の指示に従わない
- C13. 学校で他の生徒が嫌がることを無理矢理やらせる
- C14. 授業中，自分の席を立って歩き回る
- C15. 授業が始まっても教科書やノートを取り出さない
- C16. 学校で他の生徒のモノをわざとかくす
- C17. 先生に対して反抗的な口調で話しをする
- C18. 授業開始のチャイムが鳴っても着席しない
- C19. ブカブカにズボンを履く（例：腰履き），スカートを短くするなど，標準制服（標準服）を崩して着る

■規範意識尺度（研究1）

「あなたは次にあげることを悪いことだと思いますか？」と教示し，まったくそう思わない（1），あまりそう思わない（2），ややそう思う（3），そう思う（4）の4件法で回答を求めた。

- F1. 授業中におしゃべりすること
- F2. 髪を染めること
- F3. 万引きすること
- F4. 学校に遅刻すること
- F5. 友達を仲間はずれにすること
- F6. 未成年者がタバコを吸うこと
- F7. 夜遅い時間帯に遊び回ること
- F8. 掃除当番をさぼること
- F9. 授業に出ないで他のことをすること
- F10. 電車やバスの中で騒ぐこと
- F11. 教科書やノートを忘れること
- F12. 他人の自転車にだまって乗ること

■問題行動動機尺度（研究２）

「『学校内でやってはいけないこと』や『校則で禁止されていること』をやるとしたら，それはどんな時だと思いますか？あてはまると思うところに○をつけてください」と教示し，まったくそう思わない（1），あまりそう思わない（2），ややそう思う（3），とてもそう思う（4）の４件法で回答を求めた。

B1.　「おもしろそうなら」やると思う
B2.　「ついカッとなったら」やると思う
B3.　「まわりのみんながやっていたら」やると思う
B4.　「先生から注意されなければ」やると思う
B5.　「ただのひまつぶしとしてなら」やると思う
B6.　「友達によく思われるなら」やると思う
B7.　「嫌いな先生だったら」やると思う
B8.　「かっこいいなら・かわいいなら」やると思う
B9.　「自分の評価が下がらないなら」やると思う
B10.「イライラした気分になったら」やると思う
B11.「良い子だと思われる必要がなければ」やると思う
B12.「学校が厳しくなかったら」やると思う
B13.「友達と一緒にいれるなら」やると思う
B14.「いやなことがあったら」やると思う
B15.「仕返しをしたくなったら」やると思う
B16.「校則で禁止されていなければ」やると思う
B17.「楽しそうなら」やると思う
B18.「他にやることがなかったら」やると思う
B19.「誰にも迷惑をかけないなら」やると思う
B20.「その場の雰囲気に流されたら」やると思う
B21.「ストレス発散としてなら」やると思う
B22.「学校全体がやってもよい雰囲気だったら」やると思う
B23.「友達と付き合えるなら」やると思う
B24.「先生から注意されたことに納得できなかったら」やると思う
B25.「学校がつまらなかったら」やると思う
B26.「幼稚なことでなければ」やると思う
B27.「友達のマネをしたくなったら」やると思う
B28.「受験に影響しないなら」やると思う
B29.「授業がつまらなかったら」やると思う
B30.「親に迷惑をかけないなら」やると思う
B31.「興味があったら」やると思う
B32.「友達から仲間はずれにされるなら」やると思う
B33.「なんとなく」やると思う

■自由記述調査（研究4）

　これから，学校内での生徒の様子についてお聞きします。具体的な学校内の場面としては，授業中，部活動，体育祭や文化祭などの行事，給食，そうじ，委員会活動，授業以外の学級活動などを自由に想像してお答えください。

1-A）普段は，勉強や行事に対する取り組みに，意欲的な態度を見せることはないのに，ある場面において，とてもがんばって学校内の活動に取り組んでいたような生徒と関わったことがありますか？もし過去にありましたら，実際に関わった生徒のエピソードをもとにして，そのときの生徒の態度や行動など具体的な様子を以下にお書きください。

1-B）1-A でお答えになった生徒と関わったときに，どのようなことをお感じになりましたか？また，その生徒とどのような関わりを持ちましたか？具体的なエピソードをもとにしてお書きください。

2-A) 勉強や部活動に意欲的に取り組み，学校内で集団行動もでき，同級生との関係や先輩・後輩関係もうまく築けているような生徒と関わったことがありますか？もし過去にありましたら，実際に関わった生徒のエピソードをもとにして，そのときの生徒の態度や行動など具体的な様子を以下にお書きください。

2-B) 2-A でお答えになった生徒と関わったときに，どのようなことをお感じになりましたか？また，その生徒とどのような関わりを持ちましたか？具体的なエピソードをもとにしてお書きください。

3) いつも校内で教師へ反抗したり，学校内での集団行動に従わなかったり，同級生へのいじめや暴力などのトラブルを起こしている生徒Aがいました。そして，生徒Aに対する指導の困難を日々，感じていました。上記のような生徒と関わった経験はありますか？もしありましたら，このような生徒にとても効果のあった指導方法や生徒に大きな変化が生じた関わり方を，これまで経験されたエピソードをもとに，以下にお書きください。

■向学校的行動尺度（研究5）

「ここ1年間に，あなたは以下のことをしたことがありますか？」と教示し，まったくない（0），1回ある（1），数回ある（2），何度もある（3）の4件法で回答を求めた。

G1. 登校時間までに学校に行く
G2. チャイムが鳴ったら自分の席に座る
G3. 提出物をしめきり日までに提出する
G4. チャイムが鳴る前に，次の授業の教室に移動する
G5. 先生や友達が言おうとしていることに耳を傾ける
G6. 授業に必要な教科書などの学習用具を，学校に持ってくる
G7. 塾などの用事のないときは，下校時刻になったらまっすぐ家に帰る
G8. 授業に集中して取り組む
G9. 自分が割り当てられたところの掃除をする
G10. 授業が始まったら，授業で使う教科書やノートを机の上に準備する
G11. 先生にたのまれた仕事に取り組む
G12. 学校で決められている標準服を着て学校に行く
G13. 体育のときには，学校で決められている体育着に着替える
G14. クラスメイトと協力して体育祭や合唱祭などの活動に取り組む
G15. 自分が所属している部活動の活動日に，参加する
G16. 先輩や後輩と協力しながら，部活動に取り組む
G17. 委員会活動や学級の当番で，自分がやらなければならない役割を果たす

■生徒に対する教師の関わり尺度（研究5）

「あなたの学校の先生についてお聞きします。先生は，あなたに対してどのように接すると思いますか？」と教示し，ぜったいにちがう（1），たぶんちがう（2），たぶんそうだ（3），きっとそうだ（4）の4件法で回答を求めた。

- J1. 先生は，廊下などで生徒に会うと，名前を呼んで話しかけてくれる
- J2. 先生は，休み時間や給食中に生徒のたわいもない話しにつきあってくれる
- J3. 先生は，ふだんから生徒を気にかけてくれる
- J4. 先生は，生徒に仕事をまかせてくれる
- J5. 先生は，部活や委員会活動のときに生徒の仕事の進め方を尊重してくれる
- J6. 先生は，生徒が興味や関心をもっている話を聞いてくれる
- J7. 先生は，生徒が得意とすることを尊重してくれる
- J8. 先生は，先生が興味・関心をもっていることを生徒に話してくれる
- J9. 先生は，体育祭や合唱祭などの行事では生徒をはげましてくれる
- J10. 先生は，困ったときに相談すると，生徒の話しを聞いてくれる
- J11. 先生は，生徒が問題を起こした時に，真剣に話しを聞いてくれる
- J12. 先生は，生徒が学校でやってはいけないことをすると，必ず注意する
- J13. 先生は，生徒が問題を起こすと，どこを改善すればいいのか教えてくれる
- J14. 先生は，生徒が問題を起こすと納得するまで話しをしてくれる

人名索引

A

安香　宏　　18
安藤明人　　140
Ashman, A.　　149

B

Bower, J.　　149
Buchanan, C.　　19, 22, 138

C

Carroll, A.　　149

D

de Shazer, S.　　72, 95
土井隆義　　48, 55
Durkin, K.　　149

E

Eccles, J.　　19, 22, 138
榎本和佳　　40, 48, 50

F

Felson, R. B.　　17, 40, 50
Flanagan, C.　　19, 22, 138
藤野京子　　55
藤田英典　　7
藤原和博　　7
福田研次　　72, 140
古市裕一　　104, 159

G

Gottfredson, D. C.　　20, 59, 181
Gottfredson, G. D.　　20, 59, 181
Gottfredson, M. R.　　16, 140, 148

H

原田　豊　　8, 22, 51, 141

長谷川啓三　　27, 72, 95
長谷正人　　27
秦　政春　　13, 14, 142
Hemingway, F.　　149
平井秀幸　　19
広沢真紀　　13, 14
広田照幸　　6, 7, 8, 19, 73, 150
Hirschi, T.　　16, 140, 148
Houghton, S.　　149

I

井口由美子　　51, 141
井上　実　　15, 40, 95
石毛　博　　18, 56
石隈利紀　　188
石本雄真　　26, 97
Iver, D.　　19, 22, 138

J

神保哲生　　7

K

柿木良太　　51
上長　然　　19
神村栄一　　11, 187
金子泰之　　55, 141, 142, 152
管賀江留朗　　7
柏尾眞津子　　72, 140
糟谷光昭　　56
片山悠樹　　14, 142
加藤弘通　　13, 15, 17, 27, 40, 41, 51, 56, 60, 93, 141, 142, 150
河合幹雄　　7
河野荘子　　72, 140
菊池章夫　　95
木下　勇　　117
清永賢二　　40, 48, 50, 55

小林正幸　　104, 105, 159
小林寿一　　51
小玉彰二　　72, 140
小泉令三　　24
小島佳子　　148
近藤淳也　　72, 140
近藤邦夫　　59
小坂浩嗣　　149, 181
越　良子　　104
久保　大　　7
國吉真弥　　56
黒川雅幸　　17

L
Liska, A. E.　　17, 40, 50

M
鈎　治雄　　73
間庭充幸　　18
松田文子　　148
Matza, D.　　18, 22, 72, 84, 89, 138, 185
Mcnulty, T. L.　　17, 40, 50
Midgley, C.　　19, 22, 138
耳塚寛明　　84, 94, 95
三浦正江　　157
三鍋由貴恵　　18
宮台真司　　7
宮下一博　　20
Mofitt, T. E.　　22, 56, 61, 93, 150, 185
森下　剛　　59, 181
森田洋司　　55
森　俊夫　　16, 55, 183
麦島文夫　　18
村田昌弥　　117
無藤　隆　　97, 149

N
内藤朝雄　　7
中村　攻　　117
仲　律子　　96, 102

仲田洋子　　104, 105, 159
中塚善次郎　　16
中山勘次郎　　18
浪本勝年　　7
西田亜希子　　14, 142
西口利文　　20, 24, 89, 94
西村春夫　　57
丹羽洋子　　16, 55, 183

O
小保方晶子　　26, 97, 149
落合正行　　22
落合良行　　55
小川　敦　　16
尾木直樹　　7
岡田有司　　19, 22, 138
岡本英夫　　72, 140
岡本卓也　　117
岡邊　健　　22
岡安孝弘　　16, 54, 73, 85, 92, 105, 159, 183
桶田清順　　51
奥田道大　　6, 102
大芦　治　　140
大久保智生　　13, 15, 17, 26, 40, 41, 56, 60, 93, 141, 142, 150
大西彩子　　17

R
Reuman, D.　　19, 22, 138

S
斉藤知範　　59, 60, 92
坂井明子　　140, 141
坂野雄二　　73, 85, 92, 105, 157, 159
佐々木薫　　17
佐々木正宏　　22
笹竹英穂　　95
佐藤実芳　　6, 102
佐藤　亨　　149, 181
佐藤有耕　　55

嶋田洋徳　　16, 54, 73, 85, 92, 105, 140, 159, 183
島井哲志　　140
嶋崎政男　　20, 149
白井利明　　72, 140
曽我祥子　　140
South, S. J.　17, 40, 50
住田正樹　　17, 89, 92, 140
諏訪哲二　　19, 22
鈴木　寛　　7
鈴木　護　　141
鈴木みゆき　96, 102
鈴木真悟　　51, 141
Sykes, G. M.　18

T
高橋良彰　　51
高桑和美　　51
竹田明典　　60
瀧川由紀子　95
玉木弘之　　104, 159
寺脇　研　　7
飛世聡子　　40, 48, 50
栃尾順子　　72, 140
徳田治子　　77
坪田眞明　　49
都筑　学　　24, 26, 97, 157, 169

U
上野昌弘　　11, 187

内田　良　　190
内山絢子　　16
梅澤秀監　　40
卜部敬康　　17
宇津木成介　140

W
和田憲明　　72
若林敬子　　102
ワップナー, S.　24
渡辺安男　　17, 89, 92, 93, 140
Wigfield, A.　19, 22, 138

Y
矢島正見　　8, 15, 40, 95
山本淳子　　104, 159
山本修司　　20, 56, 89, 149, 188
山本多喜司　24
山下晃一　　5, 96
山崎勝之　　140, 141
安田隆子　　5, 102
矢冨直美　　16, 55, 183
八並光俊　　20, 149
米川茂信　　16, 183
米里誠司　　22
吉田俊和　　17
吉川　悟　　72, 185

事項索引

あ
一過性の発達現象　56
逸脱的な文化　22, 95

か
解決志向的アプローチ　72
開発的指導　20, 21
学校環境の変化　92
学校習慣順守行動　87
学校集団　17
　　──の再編成　25
学校生活関与行動　87
学校適応の促進　20
学校統廃合　5, 96
環境移行　24
　　──場面　23, 94
危機的移行　24
危機的環境移行　96
規範意識　40
　　──尺度　43
規範文化　18, 40
教師のソーシャルサポート　73
向学的行動　85, 87, 93, 94, 95
　　──尺度　33, 87
個人レベルの変数　16

さ
3年間の生活指導の効果　97
事後的指導　20, 21, 59
事後的な関わり　85, 87, 93
縦断的研究方法　92
集団レベルの変数　17
遵法的な学校文化　23
遵法的な文化　22, 95
消極的指導　20, 21, 59
少子化　25
心理的居場所　96

隙間場面　189, 190
生徒に対する教師の関わり尺度　33, 87
生徒の非問題時　71
積極的指導　20, 21

た
動機　18
　　楽しさ追求──　51
　　友達への同調──　51
　　評価懸念──　51
　　不快感情解消──　51
中1ギャップ　11

な
能動的な関わり　85, 87, 93
能動的な生活指導　20

は
非問題時　73
非問題場面焦点型　187
漂流する非行少年　84
2つの生活指導　93
物理的な居場所　96

ま
問題行動　15, 93, 95
　　対学校的──　42
　　対教師的──　42
　　対生徒的──　42
　　──経験尺度　41
　　──動機　18
　　──尺度　51
問題時　73
問題焦点型　187
問題−偽解決循環　27
問題場面焦点型　185

嶋田洋徳	16, 54, 73, 85, 92, 105, 140, 159, 183	内田　良	190
島井哲志	140	内山絢子	16
嶋崎政男	20, 149	梅澤秀監	40
白井利明	72, 140	卜部敬康	17
曽我祥子	140	宇津木成介	140
South, S. J.	17, 40, 50		
住田正樹	17, 89, 92, 140	**W**	
諏訪哲二	19, 22	和田憲明	72
鈴木　寛	7	若林敬子	102
鈴木　護	141	ワップナー, S.	24
鈴木みゆき	96, 102	渡辺安男	17, 89, 92, 93, 140
鈴木真悟	51, 141	Wigfield, A.	19, 22, 138
Sykes, G. M.	18		
		Y	
T		矢島正見	8, 15, 40, 95
高橋良彰	51	山本淳子	104, 159
高桑和美	51	山本修司	20, 56, 89, 149, 188
竹田明典	60	山本多喜司	24
瀧川由紀子	95	山下晃一	5, 96
玉木弘之	104, 159	山崎勝之	140, 141
寺脇　研	7	安田隆子	5, 102
飛世聡子	40, 48, 50	矢冨直美	16, 55, 183
栃尾順子	72, 140	八並光俊	20, 149
徳田治子	77	米川茂信	16, 183
坪田眞明	49	米里誠司	22
都筑　学	24, 26, 97, 157, 169	吉田俊和	17
		吉川　悟	72, 185
U			
上野昌弘	11, 187		

事項索引

あ
一過性の発達現象　56
逸脱的な文化　22, 95

か
解決志向的アプローチ　72
開発的指導　20, 21
学校環境の変化　92
学校習慣順守行動　87
学校集団　17
　　──の再編成　25
学校生活関与行動　87
学校適応の促進　20
学校統廃合　5, 96
環境移行　24
　　──場面　23, 94
危機的移行　24
危機的環境移行　96
規範意識　40
　　──尺度　43
規範文化　18, 40
教師のソーシャルサポート　73
向学的行動　85, 87, 93, 94, 95
　　──尺度　33, 87
個人レベルの変数　16

さ
3年間の生活指導の効果　97
事後的指導　20, 21, 59
事後的な関わり　85, 87, 93
縦断的研究方法　92
集団レベルの変数　17
遵法的な学校文化　23
遵法的な文化　22, 95
消極的指導　20, 21, 59
少子化　25
心理的居場所　96

隙間場面　189, 190
生徒に対する教師の関わり尺度　33, 87
生徒の非問題時　71
積極的指導　20, 21

た
動機　18
　　楽しさ追求──　51
　　友達への同調──　51
　　評価懸念──　51
　　不快感情解消──　51
中1ギャップ　11

な
能動的な関わり　85, 87, 93
能動的な生活指導　20

は
非問題時　73
非問題場面焦点型　187
漂流する非行少年　84
2つの生活指導　93
物理的な居場所　96

ま
問題行動　15, 93, 95
　　対学校的──　42
　　対教師的──　42
　　対生徒的──　42
　　──経験尺度　41
　　──動機　18
　　──尺度　51
問題時　73
問題焦点型　187
問題-偽解決循環　27
問題場面焦点型　185

著者紹介
金子泰之（かねこ　やすゆき）
常葉大学短期大学部保育科専任講師
中央大学大学院文学研究科心理学専攻博士後期課程（2012 年 3 月修了）
博士（心理学）
主著に，『犯罪心理学事典』（分担執筆［「いじめ」を担当］，丸善出版）など。

中学生の学校適応と生徒指導に関する研究

2018 年 2 月 20 日　初版第 1 刷発行　　（定価はカヴァーに表示してあります）

　　　　　　　　著　者　金子泰之
　　　　　　　　発行者　中西　良
　　　　　　　　発行所　株式会社ナカニシヤ出版
　　　　　　　〒606-8161　京都市左京区一乗寺木ノ本町 15 番地
　　　　　　　　　　　　　Telephone　075-723-0111
　　　　　　　　　　　　　Facsimile　075-723-0095
　　　　　　　Website　http://www.nakanishiya.co.jp/
　　　　　　　Email　　iihon-ippai@nakanishiya.co.jp
　　　　　　　　　　　郵便振替　01030 0 13128

装幀＝白沢　正／印刷・製本＝創栄図書印刷
Printed in Japan.
Copyright © 2018 by Y. Kaneko
ISBN978-4-7795-1251-3

本書のコピー，スキャン，デジタル化等の無断複製は著作権法上での例外を除き禁じられています。本書を代行業者等の第三者に依頼してスキャンやデジタル化することはたとえ個人や家庭内の利用であっても著作権法上認められておりません。